教科書には載せられない

悪魔の発明

歴史ミステリー研究会編

彩図社

まえがき

有史以来、人類は数えきれないほど多くのものを発明してきた。

高速で人や荷物を運ぶ乗り物、面倒な作業を任せる機械、情報を世界中に行き渡らせるシステム……発明の多くは、私たちの日常を豊かなものにしてくれている。

しかし光と闇、そして善と悪はいつも表裏一体である。発明の中には、とても人間がつくり出したとは思えないほど残虐なものも存在するのだ。


たとえば、電気イスやギロチンは、人の命を一息に奪うためにつくられ、実際に無数の命を奪ってきた。かと思えば、相手をたっぷり苦しませてから殺すための、鉄の処女と呼ばれる道具もある。また、戦場で使われる武器は、効率よく敵に損害を与えるための発明品だ。

一方、人々の役に立ちたいという思いからつくられたものが、いつの間にか人を傷つける凶器になるというケースもある。その一例がダイナマイトだ。アルフレッド・ノーベルは危険物を安全に運ぶためにダイナマイトを発明したが、それが戦場で多くの命を奪うようになるまでにさほど時間はかからなかった。

そして、身近なところにもそれはある。

画期的な発明にみえたウソ発見器は冤罪をつくる可能性をはらんでいるし、電子レンジもじつは使い方を間違えると健康被害を受けてしまう。近年の発明であるインターネットや３Ｄプリンターなども、恐ろしい未来につながる可能性を持っているのだ。

このように書くと、周囲のものが自分に襲いかかろうとしているような感覚にとらわれてしまうかもしれない。だが、発明品そのものにはなんの罪もない。そこにあるのは人間のゆがんだ欲望や悪意である。

悪魔の道具となってしまった発明品の歴史とともに、残酷な人間の心の深淵をたっぷりとのぞいてみてほしい。

２０１７年12月

歴史ミステリー研究会

1章　人命をおびやかす発明

処刑装置として発明された　電気イス……10
効率よく人命を奪うための装置　ギロチン……14
中毒者を大量に発生させる　覚せい剤……19
人間も動物も血まみれにする　鉄条網……24
呼吸困難ややけどを引き起こす　硫酸……29
中に入った人を串刺しにする　鉄の処女……33
腸を引きずり出し苦痛を与える　抽腸……37
「死の商人」がつくり出した　ダイナマイト……41
がんや奇形を誘発する劇薬　枯葉剤……46

内側から人体をむしばむ　アスベスト……51
スポーツ選手の間に蔓延する　ドーピング剤……55
人間がつくった毒性元素　プルトニウム……60

2章　戦争のための発明

戦場を疾走し人間をも押しつぶす　戦車……66
姿を隠して敵を攻撃する　潜水艦……71
体と心の両方を傷つける　地雷……76
四方八方にダメージを与える　手榴弾……81
1億人以上の命を奪った　カラシニコフ……86
1分間で数百発を撃つ　機関銃……90

猛烈な炎を吹き出す　火炎放射器 …… 95
遠くの都市をも破壊する　大砲 …… 99
遠くの敵を攻撃する超音速兵器　ミサイル …… 104
電波を使って敵を見つける　レーダー …… 109
敵地にこっそり忍び込む　ステルス戦闘機 …… 114
戦闘機にもなりえる　無人航空機 …… 119

3章　多くの犠牲者を出した大量破壊兵器

日本の都市を壊滅させた　焼夷弾 …… 126
人類史上最大の破壊力を持つ　原子爆弾 …… 130
兵器と化した生物たち　生物兵器 …… 134

空気にまぎれて攻撃する　毒ガス兵器……139
大量殺戮を可能にする　サリン……143

4章　じつは危険な発明

無実の罪をつくる恐れのある　ウソ発見器……148
脳の一部を切り取る　ロボトミー手術……153
なぜ効くのか解明されていない　麻酔……158
人体への影響が大きい電波を出す　電子レンジ……163
意外なところで海中の命を奪う　ソナー……167
悪事をかき消す静かな凶器　サイレンサー……172

5章　新たな危機を生む発明

アメリカが握る位置情報測定装置　GPS……178
敵の侵入経路にもなる　インターネット……183
姿なき脅威　コンピューターウイルス……187
人間のすべてを解明する　ヒトゲノム計画……191
生命のコピーをつくり出す　クローン……196
天候をコントロールする　人工降雨装置……201
誰でも拳銃をつくれる　3Dプリンター……206
違法行為を可能にする無人機　ドローン……211
コンピューター社会の脅威　電磁パルス攻撃……216

1章

人命をおびやかす発明

【処刑装置として発明された】電気イス

■人道的な処刑方法として発明される

世界には日本を含め死刑制度を採用している国も多いが、そんななか、アメリカの一部の地域のみで死刑執行に使われている道具がある。それが電気イスだ。

電気イスがこの世に生まれたきっかけは、ニューヨークで歯科医師をしていたアルフレッド・サウスウィックが、誤って送電線に触れて感電死した酔っぱらいを目撃したことにある。

もともと政界に人脈があった彼は、酔っぱらいがほとんど苦しまずに絶命した様子を見て、電気による感電死を犯罪者の処刑に応用できないかと考えた。それが1881年のことである。

ちょうど絞首刑の廃止論が高まるなか、彼は人道的な処刑方法として、議会に電気処刑を提案した。しかし、医療関係者や司法関係者を巻き込んでの議論はまとまらず、業を煮やしたサウスウィックはある人物に助言を求める。

その人物とは発明王トマス・エジソンだったのである。

■エジソンのライバルつぶしと動物実験

当時のアメリカではエジソンと、そのライバルのジョージ・ウェスティングハウスとの間で激しい〝電流戦争〟が起こっていた。

エジソンは直流送電、ウェスティングハウスは交流送電をそれぞれ主張し、公共電力への採用をめぐって対立していたのだ。

当初、エジソンは死刑制度に反対の立場をとっていたため、サウス

アメリカのニューメキシコ州の刑務所で展示されている電気イス

ウィックへの協力をしぶっていたが、やがてこれを利用してライバルを蹴落とすという考えにたどり着く。

つまり、電気処刑にはウェスティングハウスが支持する交流送電による装置が最適であることを証明し、逆に交流送電の危険性を印象づけることにしたのだ。

その証明の裏付けに協力し、のちに電気イスの発明者となったのが若手技術者のハロルド・ブラウンだった。

2人は犬や馬など多くの動物を殺して動物実験を繰り返した。そして、ついに交流送電を利用した処刑用の電気イスが、この世に生み出されたのである。

■処刑室に充満した人肉がこげるにおい

実際に電気イスによる処刑が行われたのは1890年のことで、犠牲者は愛人を殺害した罪で死刑が宣告されていたウィリアム・ケムラーという男だった。

電気イスはオーク材で作られた木製で、床にボルトで固定されていた。

背もたれには電極を通す木材があり、ヘッドレストと腰には電流が通るカップが取りつけられる。そして、それらのカップから伸びたケーブルは発電機につながれていた。

計算上では15秒電流を流せば死ぬはずだったが、一度では死なず二度目で絶命した。最終的に２０００ボルトの電流を送り込んだことにより、ケムラーの身体からは血が吹き出してしたたり、処刑室には人肉がこげた悪臭が充満した。そのあまりの凄惨な様子に、立ち会った何人かは気を失ったという。

その後、アメリカ東部を中心に電気イスによる処刑は継続された。

現在は一部の州が、受刑者が選択できる手段として残しているのみである。

ケムラーの処刑を描いた絵画。頭からあがった煙に周囲の人がおののいている。

【効率よく人命を奪うための装置】ギロチン

■公開処刑で使われた装置

パリの中心地にあるコンコルド広場は、大勢の罪人の血を吸っているといわれる。フランス革命時に、1000人以上におよぶ血なまぐさい公開処刑が行われたからだ。処刑されたのは、時の国王であるルイ16世やその妻であるマリー・アントワネットなど、民衆の敵とされた人物だ。

そして、その命を途絶えさせた処刑装置こそがギロチンなのだ。

2本の柱の上に取りつけられた重量のある刃が落ちてきて、斬首台の上にうつぶせにさせられた罪人の首をガチャンと一瞬ではねるのである。

ギロチンと呼ばれるこの装置を設計したのは、18世紀のフランスの外科医アントワーヌ・ルイだ。

ギロチンのような断頭装置は13世紀頃からイギリスなどでも使われていたが、一度で頭を斬り落とせるほどの鋭さはなく、何度も首に刃物を入れなければ受刑者を絶命させることができなかった。

1868年にローマで行われた処刑の様子

そこで、パリの議員で医師のジョゼフ＝イニャス・ギヨタンは、死刑制度を人道的なものにするための提案をした。そのひとつが、より切れ味のいい斬首台の導入だったのだ。

■一撃で息の根を止めるための発明

当時のフランスといえば、民衆による革命の真っ只中だった。

革命前のフランスは、一部の貴族や聖職者だけが特権を握っており、平民は貧しく自由のない暮らしを強いられていた。

当然、死刑制度にも〝階級〟があった。

処刑は一種の娯楽のように考えられていて、罪人は市民の目の前で白昼堂々と公開処刑されていたのだが、その方法は身分によって異なっていたのだ。

貴族階級の受刑者はもっとも苦痛の少ない斬首刑で、お金を出せば一撃で息の根を止めることができる腕のいい死刑執行人を雇うことができた。

だが、平民は絞首刑が一般的で、親殺しなどの重い罪を犯した平民にはもっと残虐な刑が待っていた。

たとえば、手足を馬などにくくりつけ、それぞれ別々の方向に引っ張らせて肉体を引き裂く八つ裂きの刑や、腕や足腰を棒で打ち砕いて体を車輪にくくりつけたまま放置する車輪刑などである。

博愛主義者といわれたギヨタンは、そんな残忍で不公平な死刑制度を人道的なものにするために、身分にかかわらず斬首刑に統一すべきであると議会に提案したのだ。

そして、議会で正式な処刑具として認められた「人道的な処刑装置」の設計が始まった。

このとき国王のルイ16世は、一度で首を落とせるように刃の角度を斜めにするようにと助言し、そのとおり突き刺さるような45度の刃のついた斬首台が完成したのだ。

ルイ16世の首を観衆にかかげる革命派。国王のギロチン刑は2万人の人々の前で執行された。

■最初に使われたのはフランス国王

やがてフランス革命が終わり、ルイ16世は国王裁判にかけられて死刑を宣告された。

1793年1月21日、2万人の群衆が見守るコンコルド広場で、開発されたばかりのギロチンにはじめてかけられたのはそのルイ16世だったのである。

この斬首台がギロチンと呼ばれるようになったのは、もちろん開発を指揮してきたギヨタンにちなんでいるのだが、彼にとってそれは不名誉このうえないことだった。

ギヨタンはこのことに強く抗議したものの、名称が変更されることはなく、家族は姓を変えることになったという。

その後、フランスでは1981年に死刑制度が廃止されるまで、罪や人を選ばずギロチンで死刑が執行されてきた。

ギロチンの開発によって、斬首刑の執行にかかる時間は一気に短縮され、ひとりの処刑人が3000人の首をはねた例もある。

ちなみに、ルイ16世の首を落としたギロチンの刃は、現在はロンドンにある蝋人形の館、マダム・タッソー館に展示されている。

【中毒者を大量に発生させる】覚せい剤

■戦後の日本には大量の中毒者がいた

終戦後の混乱期、日本には50万人を超える覚せい剤中毒者がいた、というと信じられるだろうか。

当時は、ごく普通に町の薬局で「ヒロポン」という覚せい剤を安く手に入れることができた。

ヒロポンというのは大日本製薬（現・大日本住友製薬）が販売していた覚せい剤の商品名で、成分はメタンフェタミンという。メタンフェタミンを開発したのは、日本の薬学の祖といわれた薬学者の長井長義博士だ。

長井は、1885年に漢方薬に使われる生薬のひとつである麻黄からエフェドリンという成分の抽出に成功する。そして、その後に東京帝国大学教授の三浦謹之助とともに、エフェドリンから人間の脳を覚醒させる成分メタンフェタミンをつくり出した。

メタンフェタミンには強烈な興奮作用があり、眠気や疲労感がなくなり、気分を高揚させる効用がある。

「疲労がポンと取れる」ということから名づけられたヒロポンは雑誌などでも大々的に広告され、戦後の日本で大ヒット商品となったのだ。

■各国で国策として使われる

メタンフェタミンによる覚せい剤は戦前から製造されていた。とはいえ、それは当初は喘息薬として世に登場している。

世界恐慌と第2次世界大戦の狭間で人々が漠とした不安を感じていた1933年、アメリカの薬理学者ゴードン・アレスが開発した吸入式の喘息治療薬が、「ベンゼドリン」という商品名で市販されたのが始まりだ。

これを吸引すると何日も徹夜できるばかりか、スーパーマンになったような気分になると、学生やトラック運転手の間で乱用が蔓延するようになる。

当時の新聞に掲載されたヒロポンの広告

また、戦時中は日本でも大量生産され、「元気が出る薬」として軍需工場で働く作業員や長距離飛行の戦闘員などに配布された。

ドイツのナチス軍や連合軍でも、疲労回復や士気を高めるためにメタンフェタミンが前線の兵士に支給されていた。

今では考えられないことだが、戦時中は国策として覚せい剤が各国の軍で使われていたのだ。

だが、ドイツではその危険性にいち早く気づき、1941年に危険薬物に指定された。にもかかわらず、日本では同じ年にヒロポンとして販売され、アメリカでも乱用が広がっていったのである。

■中毒者による犯罪が多発する

戦後の闇市で、ヒロポンは飛ぶように売れた。とくに、時間を惜しんで働いた芸能人や作家にヒロポンに溺れた者が多かった。小説家の坂口安吾もそのひとりだ。

坂口によると、ヒロポンは当時の流行の先端で、それこそ猫も杓子もやるようになっていたという。

ヒロポンを飲むと3、4日間くらいは平気で徹夜ができるが、いざ眠ろうとしても効き目が切れないため眠れず、ヒロポンの効果を消すために大量のウイスキーが必要だったとも書いている。

だが、ヒロポンの弊害は想像以上だった。覚せい剤の常習者は効き目がなくなると、倦怠感に襲われてウツ状態になり、暴れ出す。そんな気分から抜け出すためにさらに使用することで依存症になる。

このような中毒者による恐喝や強盗、強姦、殺人などの事件が相次ぎ、戦後の日本はヒロポンにむしばまれて崩壊するのではないかと危惧されるほど蔓延したのだ。

そして、ドイツで覚せい剤が危険薬物に指定されてから10年後の1951年、日本で覚せい剤取締法が施行された。

だが、その後も覚せい剤は北朝鮮や韓国から裏の世界に持ち込まれ、インターネットなどを通じて芸能界や一般の人にも広がっており、最近では学校の教諭までが覚せい剤に手を染めるという衝撃的な事件も起きている。

覚せい剤取締法の検挙人員は1976年から毎年1万人を超えていて、再犯率も高い。若い頃に覚せい剤で逮捕された人が、中高年になっても止められずに再逮捕されるケースもあとを絶たない。

うかつに手を染めてしまうと、そのあとには恐ろしい地獄の苦しみが待っているのである。

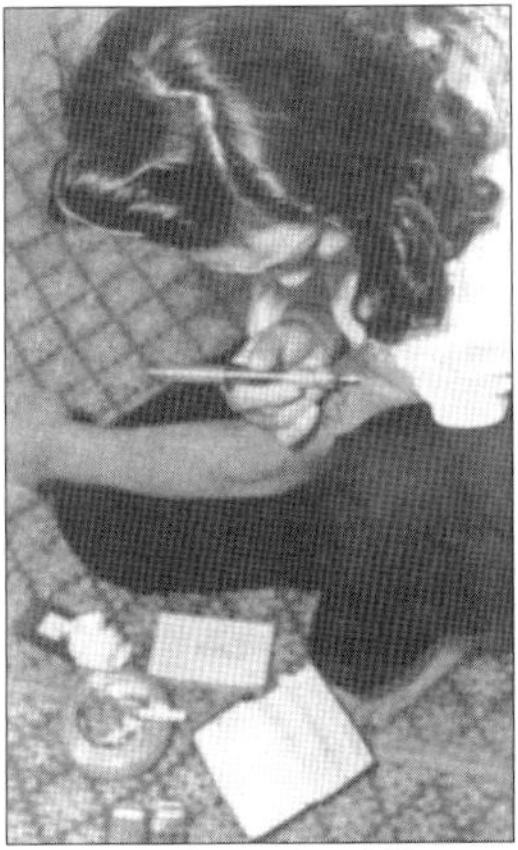
覚せい剤を自分に打つ女性

【人間も動物も血まみれにする】鉄条網

■最初は柵の代わりとして登場した

ハイテク化が進む世界各国の軍隊の装備の中に、19世紀に発明されて以来、ほとんどその姿を変えることのない状態のままで使われている超ローテク装備がある。

それは、鉄線に無数のトゲをつけた鉄条網だ。

今や内紛や戦争のある場所には必ずあるといわれる鉄条網は、もともと開拓時代のアメリカで農牧地や家畜を外敵から守るための木の柵の代わりとして誕生した。

鉄条網の量産が始まったのは1870年頃、開発者はアメリカのイリノイ州の農夫で、後に「鉄条網の父」と呼ばれるジョセフ・グリッデンである。

グリッデンは長いワイヤーに短く切った鉄線を巻きつけて〝トゲ〟をつくり、そのトゲが動かないようにもう1本のワイヤーでより合わせていき、簡単には切れないト

鉄条網の狭間で倒れる兵士たち（1918年）

ゲつきのワイヤーをつくったのだ。

これがいわゆる〝有刺鉄線〟で、これをコイル状に巻いたり、柵に設置したのが〝鉄条網〟となる。

それまで木で柵をつくっていた農民にとっては革命的な発明だった。

切り倒した木で杭をつくり、その杭を地面に打ち込んで横板を取りつけるのには多大な労力がかかる。しかも、伐採によって森からは木がなくなっていくのだ。

だが、等間隔に立てた杭に鉄条網を張り巡らせておけば、近づいた動物は血まみれになって、いとも簡単に外敵の侵入や家畜の脱走を防ぐことができる。

こうして鉄条網は広大な農牧地を持つア

メリカの開拓者の必需品となったのだ。

■絡みつき身動きできなくする

その鉄条網が軍事的に利用されるのにさほど時間はかからなかった。戦場ではじめて兵器のひとつとして使われたのは、１８９９年に南アフリカで起きたボーア戦争のときだ。

大量の金やダイヤモンドが眠る南アフリカを支配したいイギリスと、17世紀に入植していたボーア人と呼ばれるオランダ人移民が巻き起こしたこの戦争では、ボーア人が牧柵用に大量に保管していた鉄条網を壕の上に張り巡らせた。

それまで鉄条網の存在を知らなかったイギリス兵士はパニックになったという。なにしろ敵の陣地に攻め入ろうとすると、体が鉄線に絡めとられてしまうのだ。

鉄条網はただのトゲつきの鉄線だが、一度絡みつくと身動きがとれなくなり、そこをライフル銃で狙い撃ちにされる。

こうした作戦によってイギリス軍は大量の死者を出したのである。

■強制収容所で人々の自由を奪う

アウシュヴィッツにとらわれた人々は、鉄条網によって自由を奪われた。(1945年)

軽くてどこへでも運べ、短時間で設置することができる鉄条網は、たしかに戦場で大活躍する大発明品だった。

柵にしておけば、敵はよじ登ることもくぐり抜けることもできない。草地に敷いておくとそこを走った戦車のキャタピラにも絡みついて動けなくした。

そして、当初の目的がそうであったように、広大な空間を簡単に区切ることができるのだ。

その機能が十分に発揮されたのが、強制収容所の存在だ。

第2次世界大戦下ではナチスが大小100を超える強制収容所を次々とつくり、〝劣等民族〟に選んだユダヤ人などを送り込んだ。

一度、強制収容所に入れられると簡単には逃げ出すことはできない。なぜなら、そこには鉄条網が張り巡らされているからだ。

つまり、収容所をつくろうと思えば、そこにある建物や場所を鉄条網で囲い、監視塔を設ければものの数日で完成する。

その中でどれだけ残虐な行為が繰り返されていたとしても、それはけっして外側に漏れ出すことはない。こうしてナチスの大量虐殺は着々と進められていったのだ。

現在でも、アメリカとメキシコの国境や、韓国と北朝鮮を隔てる軍事境界線、さらに軍事基地や刑務所などのまわりに設置されている。

鉄条網は人間の歪んだ欲望によって兵器や凶器と化してしまったのである。

【呼吸困難ややけどを引き起こす】硫酸

■思わぬところで生まれた副産物

硫酸は、化学の研究には欠かせない物質だ。工業分野でも幅広く活用されている身近な化学物質なのだが、劇薬の一種でもある。

間違って吸い込めば呼吸が苦しくなるし、皮膚についたらやけどをする恐れもある。扱いようによっては爆発や火災をも引き起こしてしまう。そのせいか東京メトロでは、車内持ち込み禁止の危険物に指定しているほどである。

活用範囲が広く、有効性も高い反面、扱いには非常に気をつけなければならないというシロモノだ。

では、そんな硫酸は、いったいどのような目的で生み出されたのだろうか。

じつは、発明者は硫酸そのものをつくろうと思っていたわけではなかった。これらは研究の過程で、意外な副産物として生まれたものなのだ。

その研究とは、卑金属から金をつくり出す試み、すなわち錬金術だ。

錬金術師というと、どことなくうさんくさいイメージがあるかもしれない。たしかに、金持ちをだまして報酬を巻き上げるような、詐欺師まがいの連中も少なくなかった。だが、大半の錬金術師は本当に金をつくれると信じて、大真面目に研究に取り組んでいたのである。その過程の中からさまざまな物質が発見されたのだ。

ある意味、錬金術師は化学の先駆者だったといえるのだ。

■イスラムでつくられた「王水」

彼らは、この世にあるすべてのものが、火・水・空気・土の四元素からできていると考えていた。

これは古代ギリシアのエンペドクレスが提唱した、四元素説に基づいた考え方だ。ということは、元素の配合を変えてやれば鉄でも鉛でも金に変わるはずである。

錬金術師たちは燃焼、蒸留、ろ過といった、ありとあらゆる方法で実験を繰り返した。

こうした錬金術を大きく飛躍させたのは中世のイスラムである。なかでも、ジャービル・イブン・ハイヤーンが果たした役割は大きい。

『賢者の石を探す錬金術師』（ジョセフ・ライト画・1771年）

彼はどんな金属も硫黄と水銀が元になってつくられていると考えた。そして、それを調合するには反応を促進させる物質、いわゆる触媒が必要だと結論づけたのである。

そうして研究の末、ジャービルはついに王水を発明する。

王水は濃硝酸と濃塩酸を1対3で混合したもので、金をも溶かすことができる驚異的な触媒だった。このジャービルによって生み出された強い酸類の製法は、ヨーロッパの錬金術に多大な影響を与えた。

もっとも、ジャービルは架空の人物で、複数の人間が研究にかかわっていたのではないかという説もある。

一方、ヨーロッパでは「賢者の石」の発見が重視されていた。『ハリー・ポッターと賢者の石』にも登場した、あの賢者の石だ。これは金を生成することができたり、不老長寿の効果があるなど、不思議な力を秘めていると信じられていた。

ただ、実際には石というより卑金属を変える性質を持った物質とみられていたようだ。

■金の代わりにできあがった劇薬

王水をつくったジャービルは硫酸の生みの親だといえるのだが、それを単体で特定したのはヨーロッパの錬金術師だという。

14世紀にはゲービルと名乗る錬金術師が硫酸や濃硝酸を発見した。ゲービルとはジャービルのヨーロッパでの呼び方で、その名をペンネームに使ったらしい。

硫酸は化合物から単体の物質を取り出すときに大いに役立った。

結局のところ、錬金術師たちは金をつくることには成功しなかった。そのかわり、硫酸という危険な劇薬をもたらしたのである。

【中に入った人を串刺しにする】鉄の処女

■原型はさらしもののための道具

「鉄の処女」という言葉を初めて目にする人は、これがいったいどういうものか想像することすら難しいだろう。

鉄の処女は、中世ヨーロッパで拷問に使用された道具の名前だ。英訳するとアイアン・メイデン。世界的にもメジャーな同名のロックバンドは、ここから名をとったことで知られている。

原型となったのは「恥辱の樽」という刑具だ。

それは体をすっぽりと覆う樽で、穴から頭と足だけが出るようになっている。こちらは拷問というよりも晒し刑にすることが目的で、酔って暴れるような罪人の見せしめに使われていた。

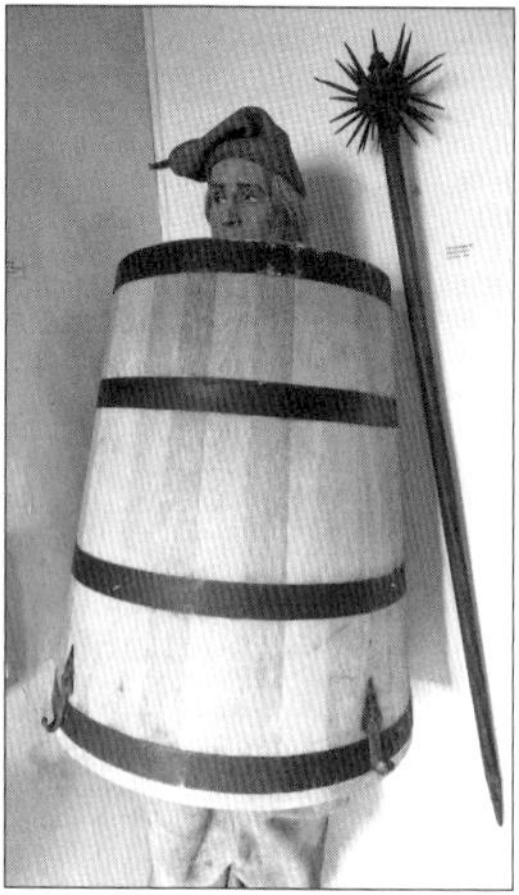

恥辱の樽はこのように使われた

そして、これに身体的な苦痛を与える目的で改良されたのが、鉄の処女なのだ。

現存するものは基本的にすべて復元だが、それらによると高さは約2メートルで、面がついた鉄製または木製の人型である。イメージとしてはエジプトの王のミイラが入るような棺が遠からずだが、実態はそのような古代ロマンとはほど遠い。ここに入るということは、すなわち生き地獄を味わうということなのだ。

■すぐには死なせないための工夫

鉄の処女は観音開きで、立ったままの状態で人を中に入れて扉を閉める構造になっている。

内側にはいたるところに長い鉄針が施され、ここに入れられた人間はいわゆる串刺しの状態となってしまう。

しかも、恐ろしいのは鉄針の位置がわざと急所を避けてつけられていることだ。つまり、中の人物はけっしてすぐには絶命せず、長い時間、血を流しながら痛みに耐えなくてはならない。

鉄の処女の内部にある鉄針は急所を避けてつけられている。

もちろん、鉄の処女は処刑のための道具ではなく、あくまで拷問のための道具だからである。

仮に罪人が失血死した場合は、底を開けて下に掘られた穴に死体を落とすしくみになっていたという。

この妙な合理性にも人間の残虐な一面が表れているのではないだろうか。

■つくったのは「血の伯爵夫人」か

ところで、この恐ろしい道具だが、じつは16世紀ハンガリーの名門に生まれたエリザベート・バートリによってつくられたのではないかという説がある。

エリザベートは「血の伯爵夫人」と呼ばれ、人々から恐れられた中世の殺人鬼である。サディストの気質を持った彼女は、少女の生き血を飲んだり、血で体を清めたりする悪魔的行為に憑りつかれ、生涯で600人もの少女を殺害した。

そして、女性たちの血をしぼり取るために考案されたのが、鉄の処女だったという話なのである。

こうなると鉄の処女は拷問具というよりも殺人の道具ということになるが、真相はわからない。

いずれにせよ、人間を追い詰める悪魔的な発明であることに違いないだろう。

現在、鉄の処女は世界各地の博物館などでレプリカが展示されており、日本では明治大学の博物館で見ることができる。

【腸を引きずり出し苦痛を与える】抽腸

■実際に行われていた残酷な処刑

ギロチンや火あぶりなど、人類の歴史には思わず目を覆いたくなるような処刑の数々があるが、ある意味、これほど残酷で理解に苦しむものはない。そう思わせるのが抽腸だ。

「抽」の字には「引き出す」とか「抜き出す」といった意味がある。

つまり、抽腸とは人間の体内から腸を引きずり出すという刑なのだ。

まるで、ホラー小説かスプラッター映画の中に出てくるような話だが、かつて中国やヨーロッパの一部の国で実際に行われていたというから驚く。

しかも、その方法は想像するだけで身の毛がよだつような、きわめて猟奇的なやり方だったのだ。

■鉄のカギを押し込み腸を引きずり出す

抽腸についてのもっとも古い記述は、紀元前770年から始まった中国の春秋時代にさかのぼる。

のちの戦国時代に生まれた思想家・荘子について書かれた記録物に、過去の処刑の様子として描かれた。その後、抽腸は脈々と受け継がれたのか、清の書物『地獄絵図』ではその悲惨な処刑の様子が描かれた絵を目にすることができる。

やり方はいろいろあるが、典型的な例を挙げると、1本の縄を用意し、片方には鉄の鉤、もう片方に石のかたまりなどの重しをつける。

そして、鉄の鉤を受刑者の肛門に押し込み、大腸の先端に引っかけるのだ。

この天秤ばかりのような装置を柱などに固定すると、重しが鉤を引き上げ、腸がずるずると引きずり出されるというしくみである。

腸を引っ張り出す動力には、ウインチのような回し車の場合もあるし、牛や馬といった大型の動物の場合もある。

人間の腸の長さは、大腸と小腸あわせておよそ7〜9メートルといわれている。つまり、刑が終わる頃には肛門から1本の長い内臓がぶら下がる形になるのだ。

受刑者は腸が抜き取られるまでの間に気を失い、そのまま絶命する。

そのうえ、引きずり出した腸はその場でさらしものにされたり、また犬に食べさせたりもしていたという。

『地獄絵図』に描かれた抽腸の様子

■アイデアのヒントはタカやワシ？

いったい、いつからどこでこんな残酷な処刑が始まったのかは定かではない。

一説には、タカやワシなどの猛禽類が獲物の小動物を食べるのに、肛門をくちばしでつついて内臓を引っ張り出す様子に着想を得たのではないかともいわれている。

ちなみに、西洋では『聖エラスムスの殉教』という17世紀の絵画が有名だ。こちらは処刑ではなく信仰のためだが、生きたまま人の手で腹から腸をえぐり出され、苦悶に顔をゆがめる聖人エラスムスの姿が描かれている。

「聖エラスムスの殉教」(ニコラ・プッサン)

また、腸に限らなければメキシコのアステカ民族のように、神への生贄として生きたまま腹を裂かれるなど、儀式としての例は世界各地にある。

いずれにせよ、現代ではこの手の処刑例は、少なくとも公には聞こえてこない。

もちろん、今後も永遠に過去の〝残虐史〟であり続けることを願うばかりである。

【「死の商人」がつくり出した】ダイナマイト

■ニトログリセリンの力をあやつる

化学や物理学を学ぶ人たちがもっとも名誉に感じるものといえば、やはりノーベル賞ではないだろうか。

この世界的な権威が、化学者アルフレッド・ノーベルに由来していることはあらためて説明するまでもない。

ノーベルは生存中に築いた巨万の富で、みずからの死後、人類に最大の貢献をした人たちに賞を与えるための基金を創設するよう遺言を残した。

その巨万の富を生んだのは、ノーベル最大の発明品で１８６６年に誕生したダイナマイトである。

ダイナマイトは、珪藻土に液状のニトログリセリンをしみ込ませ雷管を使って発火させる爆発物だ。

19世紀半ば、ニトログリセリンは人間がつくり出すものの中で最大の爆発力を持つ物質として知られていた。その威力はわずか1滴でビーカーが破裂するほどだったが、実用化には困難をきわめていた。

というのも、たとえばニトログリセリンを兵器に応用するとして、大砲に詰めたとすれば、砲弾を発射する前に砲身がこなごなに砕けてしまうほど扱いにくい物質だったからだ。

つまりノーベルの発明のすごさは、この制御不能な物質をいとも簡単なしくみでコントロールし、爆発物として完成させたことにあったのである。

■産業用のものが軍事利用される

しかし、ダイナマイトは最初から武器として存在したのではなかった。

ノーベルがこれを発明した目的は、岩盤の破壊などあくまで産業用である。

にもかかわらず、ノーベルに「死の商人」という異名がついたのは、いつからかダ

ダイナマイトで洞穴を破壊する兵士（1945 年）

イナマイトが軍事に使用されたからである。

ノーベル自身も営業活動には積極的で、客には採掘場などで実演して、取扱いの安全性をアピールしたりもした。

国外ではドイツが得意客で、自国に製造工場を用意したほどだった。

同じく営業先だったフランスは、政府の意向で販売を禁じられたが、そのフランスは１８７０年の普仏戦争で、ダイナマイトという最強の兵器を手に入れたドイツに敗北している。

しかし、この戦果がノーベルにとって仇となった。

両軍あわせて40万人の死者を出した〝戦

犯〟はダイナマイトだったと猛烈に非難され、その矛先は発明者であるノーベルに向けられてしまったのだ。

■「死の商人」の罪ほろぼし

晩年、ノーベルは自分の兄が死んだときに「死の商人・ノーベル死す」という記事を見つけた。

もちろん、それは新聞社の誤報だったのだが、それを目にしたノーベルは自身の死後の評価に思いをはせるようになる。

普仏戦争もそうだが、実際、ダイナマイト完成までの間には多くの命が犠牲になった。とくに1866年には実験で大爆発を起こし、実弟、友人、家政婦など、自分の味方といえる人々が巻き添えで命を落としている。

産業に役立てる意図でダイナマイトを開発したが、当時は大量破壊兵器としての利用価値が高く、ノーベル自身も死の商人という汚名を着せられてしまった。

ノーベル賞の設立は、そんな恐ろしいものを世に生み出してしまった自身の罪ほろぼしだったといえるだろう。

とはいえ、その後のふたつの世界大戦などでもダイナマイト・ノーベル社は爆薬を提供し続けた。

そして、今もヨーロッパ各地に残るノーベルの名を冠した企業の中には、武器や弾薬の製造会社が堂々と名を連ねている。

ダイナマイトの発明から150年という長い歳月が過ぎた今でも、ノーベル＝死の商人のイメージは完全には払拭されていないのである。

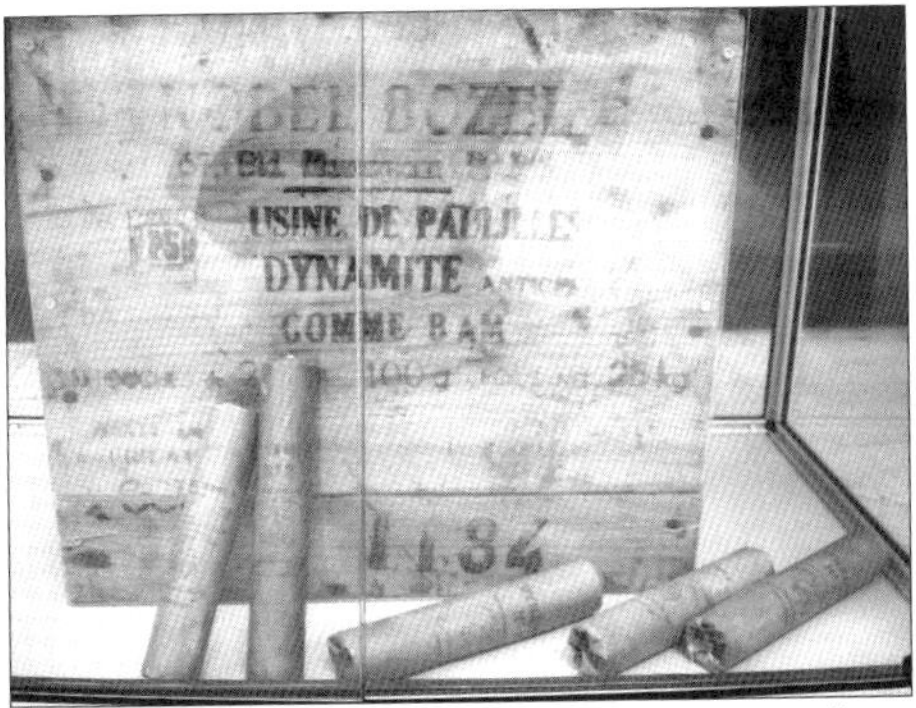

博物館に展示されているダイナマイトの木箱。左上に「ノーベル」と書かれている。（©Olecrab）

【がんや奇形を誘発する劇薬】枯葉剤

■ゲリラの隠れ場所をなくすための発明

除草剤は化学物質のひとつだが、取り立てて珍しい薬品ではない。草取りの負担を減らしたという点では、農業にも大きく貢献しているといっていいだろう。

しかし、使い方しだいで善にも悪にも変わってしまうのが化学物質の怖いところである。その最たる例が枯葉剤だといえるのではないだろうか。

枯葉剤はベトナム戦争の際、アメリカ軍が使用した化学兵器だ。とはいえ、第1次・第2次世界大戦で使われた化学兵器とは目的が違う。ふたつの大戦の化学兵器は人を殺傷するものだったが、枯葉剤の攻撃対象は人ではなく植物なのだ。

ベトナムでの戦闘はアメリカ軍にとって過酷なものだった。ゲリラが本拠地にしていたジャングルは、爆撃機から落とした爆弾が地上に届かないほどうっそうとしていた。その中には危険な害虫がいたり、トラップがしかけてあったりする。視界がきかず、どこに敵が潜んでいるのかもわからない。

ジャングルを熟知しているゲリラにとっては好都合の隠れ家だったが、アメリカ軍には非常にリスクの高い場所だったのである。

それなら隠れる場所をなくしてしまえばいいということで、木々を枯らす枯葉剤を散布することになったのだ。

枯葉剤の散布の様子

■もとは日本に使うためにつくられた

枯葉剤にはいくつかの種類があったが、もっとも多く使われたのはエージェントオレンジである。

これは2，4－D（ジクロロフェノキシ酢酸）と、2，4，5－T（トリクロロフェノキシ酢酸）を混合したものだ。

2，4－Dはアメリカの研究所が1942年に合成に成功しているが、どちらも第2次世界大戦中に開発されていた。

じつは、そもそも枯葉剤は日本に対して使う目的でつくられたのだという。2，4－Dをはじめとする化学物質を散布して、穀物を根絶やしにしようと考えていたのだ。それが実行されなかったのは、日本が降伏したからである。

戦後はこれらの物質を除草剤として使っていたものの、ベトナム戦争で枯葉計画が再びよみがえったのだ。このときの枯葉剤は、アメリカの化学薬品メーカーだったモンサント社が開発したといわれている。

ほかにもダウ・ケミカルやダイヤモンド・シャムロック、ハーキュリーズ社など、7社が製造にかかわった。

枯葉剤の散布は1961年から10年間にわたって続けられた。食料の補給源を絶つために、近隣の田畑にも散布されている。

その結果、回復不能といわれるほど土地は荒廃してしまったのである。

■次世代まで続くさまざまな障害

枯葉剤は史上はじめて、大規模な環境破壊をもたらした兵器だ。ただ、人に対する毒性は少ないとされていた。

ところが、人体にも悪影響を及ぼすことが判明したのである。じつは、2，4，5―Tを製造する過程でダイオキシンが発生し、それが枯葉剤に含まれていたのだ。

ダイオキシンは強い毒性を持つ化学物質で、発ガン性や、奇形を生じさせる性質がある。体内に取り込まれたダイオキシンは、皮膚炎や内臓障害も引き起こす。しかも、本人のみならず、次世代にまで影響が出るのだ。

戦後のベトナムでは死産や流産が激増し、また奇形や先天性の障害を持った子どもも多く生まれている。それらは枯葉剤がもたらした悲劇なのだ。

さらに、枯葉剤は敵ばかりでなく、味方も傷つけた。ゲリラを追ってジャングルに入ったり、散布を行った兵士にも後遺症が現れているのである。

アメリカ兵を守るためにつくった枯葉剤が、逆にそのアメリカ兵をも苦しめるという結果も招いてしまったのだ。

その後、アメリカ兵の被害者は集団訴訟を起こし、アメリカの製薬会社から補償金が支払われた。しかし、ベトナムでの被害者に対しては、アメリカから補償の手が差し伸べられることはなかった。

ベトナム戦争が終結して40年以上が経った現在でも、枯葉剤によって生まれながらに障害や疾患を持った人、後遺症に苦しむ人の困難は続いている。枯葉剤は今なお癒されることのない深い傷をベトナムに残しているのだ。

【内側から人体をむしばむ】アスベスト

■「キラー・ファイバー」と呼ばれる物質

2005年に社会問題になった「クボタ・ショック」という言葉を覚えているだろうか。

農業機械や建築材料などのメーカーであるクボタが、尼崎市内にある工場に過去に勤務していた従業員78人がアスベスト関連の病気で死亡していたことを公表したのだ。しかも、被害は少なくともその周辺の住民51人にも及んでいた。

その病気とは、アスベストを吸い込んだことで起こる肺ガンや悪性中皮腫だった。

アスベストは天然の鉱山から採掘される繊維状の鉱物で、別名「キラー・ファイバー（殺人繊維）」と呼ばれている。今でもときどき、波型の板に細い繊維が吹きつけられた壁や屋根を見かけることがあるが、その繊維がアスベストである。

その繊維の太さは髪の毛の5000分の1程度で、軽いためよく飛び散り、簡単に体内に入っていく。これを大量に吸い込んでしまうと、平均20～30年の潜伏期間を経て、肺や臓器を覆っている中皮という膜がガンに侵されるのだ。

だが、アスベストを使っていたのはクボタだけではない。この殺人繊維は世界中で大量に使われてきたのだ。

■健康被害が発生する

ギリシャ語で「永久不滅」という意味を持つアスベストは、人工的につくられたものではない。火山から噴出したマグマが冷えて固まり、その裂け目に自然にできる綿状の結晶がアスベストだ。

古代エジプトではミイラを包む布にも使われており、その後ヨーロッパや中国では「燃えない布」として文献に登場している。

そんな繊維が世界で大量に使われるようになったのは、19世紀後半のことだ。

当時、アスベストは「奇跡の鉱物」といわれていた。何しろ、熱に強いうえに劣化しにくく、薬品にも強い。さらに加工しやすく原価も安いのだ。そのため、建築や造船の資材、電化製品、日用品などありとあらゆるところでアスベストは使われてきた。

だが、アスベストが危険な物質だと発覚するまでにはそれほど時間はかからなかった。1906年にロンドンで健康被害が公式に報告されたのだ。

また、1938年にはドイツで肺ガンを引き起こす可能性があることも公表された。

1973年には世界最大のアスベストメーカーだったアメリカのジョンズ・マンビル社が訴えられ、その後12年間で同じような訴訟が3万件以上起こっている。

日本では1975年にアスベストの吹きつけが禁止されたが、1990年にかけても大量に輸入されて、その多くが建材として使われてきた。

アスベストのもとになる「クリソタイル」という名の天然石

そして、クボタ・ショックが起きた。被害者救済のために厚生労働省と環境省が重い腰を上げたのは、２００６年のことだった。

■被害者は増えると予想されている

現在、アスベストが重量の０・１パーセントを超えて含まれている物の製造、輸入、譲渡などは全面的に禁止されている。

だが、日本がこれまでに輸入してきたアスベストの量は１０００万トンを超えている。そして、その８割が建材としてコンクリートに混ぜるなどして使われてきたのだ。コンクリートに封じ込められたアスベストは飛び散ることはない。だが、その建物を解体するときに大量のアスベストが飛散する。１９７０年代〜90年代に建てられた建物が老朽化して解体されるのは今後10〜40年後がピークになるのだ。

日本の中皮腫による年間の死亡者数は厚生労働省が公表している。それによると１９９８年に５７０人だった死亡者が、２０１５年には１５０４人と倍以上に増えている。今後もこの数が増えていく可能性は高いだろう。

【スポーツ選手の間に蔓延する】ドーピング剤

■じつはトップ選手はみんな使っている？

1988年のソウルオリンピックで、スポーツ史に残るスキャンダルが起きた。陸上男子100メートル決勝を9・79秒という世界記録でゴールしたカナダ人選手のベン・ジョンソンが、その3日後に金メダルをはく奪されたのだ。

理由は薬物違反だ。競技後に行われたドーピング検査で、禁止薬物である筋肉増強剤アナボリック・ステロイドが検出されたのである。

アナボリック・ステロイドはホルモン剤の一種で、短期間で劇的に筋肉を増やすことができる。

たしかに、ベン・ジョンソンの体は〝筋肉の塊〟といわれるほど発達した筋肉に覆われていた。

それが薬物によるものだったという事実は一般の人たちには大きな衝撃を与えたが、じつはアスリートの世界ではそれほど驚かれたわけではなかった。ベン・ジョンソンの当時の専属コーチは、「すべてのトップ選手が筋肉増強剤を使っている」と証言したのだ。

■競技中に選手が死亡する

ドーピングは、今でこそスポーツ競技に勝つために薬剤などを使う違反行為とされているが、1世紀ほど前まではそれほど珍しいことではなかった。

ドーピングに注目が集まるようになったのは、19世紀半ば以降のことだ。アムステルダムの運河水泳競技で選手が覚せい剤を使っていたことが発覚して以来、ボクシングや自転車競技でドーピングが行われるようになる。

1936年にナチスドイツが主催したベルリンオリンピックでは、ナショナリズム強化のためドイツの選手にヘロインやカフェインなどの薬物が投与された。当時は、まだ覚せい剤や麻薬がそれほど危険視されておらず、興奮剤として使われることが多かったのだ。

その後、麻薬や覚せい剤の使用は禁止となるが、あらゆるスポーツで他の薬物が使われるようになる。

とくに東西冷戦時代に「スポーツ大国」といわれた東欧諸国では、組織的にドーピングが行われ、男性ホルモンなどが使用されていた。

ソウルオリンピックの100メートル決勝でゴールするベン・ジョンソン(手前)。(写真提供:AFP＝時事)

だが、１９６０年のローマオリンピックで、大会初の死者が出た。覚せい剤のアンフェタミンを投与されて自転車競技に出た選手が競技中に死亡したのだ。

これを機にオリンピックでは１９６８年からドーピング検査が始まった。

その後、サッカーの国際大会では１９９６年からプロ、アマチュアに関係なくさまざまなスポーツ競技で検査が行われるようになった。

■脳や神経をむしばむ

劇的に筋肉をパワーアップさせることができる筋肉増強剤は、1955年にアメリカの重量挙げの選手団の専属医が開発した。

東側諸国の組織的なドーピングに対抗するための秘策だった。

だが、スポーツ競技は公平性のあるルールのもとで行われるから価値があるのであり、人為的に選手の競技能力を高めるのは不正行為である。

そのため、アナボリック・ステロイドは1975年に国際大会の禁止薬物に追加されるが、逆にプロスポーツの世界では愛用者が増えた。

アメリカなどの西側諸国では戦後、プロスポーツが盛んになり、有名選手として活躍すれば大金を得られるようになる。

そんなスターを夢見る選手たちにとって筋肉増強剤は肉体改造に欠かせないものとなり、メジャーリーグにも広まっていった。

だが、一時の富と名声が欲しいがために使用するには、あまりにも代償が大きい。アナボリック・ステロイドは過剰に摂取することで脳や神経をむしばむことがわかっているのだ。

常用者の中には感情がコントロールできなくなって友人や家族を殺傷したり、腰の骨が溶けて車イス生活になった例もある。それでも、アナボリック・ステロイドの使用者は今やアマチュアのスポーツ選手にも蔓延しているのだ。

ドーピング問題が深刻だった自転車レースのツール・ド・フランスは、一時「ツール・ド・ドーピング」と揶揄された。

【人間がつくった毒性元素】プルトニウム

■原爆のもとになった元素

1945年8月9日、アメリカ軍は長崎に原子爆弾ファットマンを投下した。ファットマンから生じた熱線と爆風によるすさまじい破壊力は、この年の12月末までに7万人以上が亡くなり、市内の約36パーセントにあたる1万8000戸以上が被害を受けたことからもわかるだろう。

このファットマンに用いられたのが、プルトニウム239だ。

その威力は、広島に投下されたウラン235を使った原子爆弾リトルボーイを上回っていたといわれるが、プルトニウムとウランはいったい何が違うのだろうか。

それは、自然界に広く分布するウランとは違い、プルトニウムは原子炉の中でつくられる人工元素だという点である。

近年ではウラン鉱石の中にも超微量なプルトニウムが存在することがわかっているが、それら天然のプルトニウムを集めても、原子爆弾や原子力発電の燃料にすることは不可能なほど少量に過ぎない。

現在使われているプルトニウムはすべてウラン２３８に中性子を照射してつくられた人工のものなのだ。

外気とは遮断されたグローブボックス内のプルトニウムのかたまりを扱う研究施設職員

■人体実験によって研究が進む

この人工元素は１９４１年にアメリカのシーボーグ博士らによって発見されると、まもなく軍事用にプルトニウム生産炉が建設された。

しかし、当時はまだプルトニウムが人体にどのような影響を及ぼすかなどがよくわかっていなかった。そこで、アメリカ政府が行ったのが人体実験である。

アメリカで原子爆弾の開発に携わっていた科学者たちは、18人の一般市民を実験材料にし、プルトニウムを注射していたのだ。

実験は1945年から1947年にかけて行われたが、モルモットにされた人々はいずれも自分が何を注射されているのかまったく知らされていなかった。

彼らはがん患者や難病患者、また交通事故で重傷を負った人々だったが、その中には4歳の少年も含まれていた。規定致死量のプルトニウムを何回も投与された人もいた。

また、科学者たちは死んだ被験者の遺体を発掘して、プルトニウムが体内にどれだけ蓄積されているかなど毒性を調べたという。

この人体実験のあと、30年以上にわたり生存した被験者も数人いたが、プルトニウムとの因果関係は明確ではないものの、数日や数ヶ月で死亡した人も何人かいた。

■数万年単位で残り続ける脅威

また、近年になって日本人がプルトニウムの恐怖を身近に感じたのは、２０１１年に起こった福島第一原発の事故だろう。

重大な原発事故が起こると、放射性物質が大量に放出され、「放射性プルーム」という放射性物質が集まった雲が発生して風で各地に移動する。

福島第一原発などの原子力発電では、原子炉内で核分裂反応が起きると、副産物としてプルトニウムを生成するので、当然、放出された放射性物質の中にはプルトニウムも存在するのである。

放射性物質は、ほかにヨウ素やセシウムなど約80種類あるが、プルトニウムは粒子が重くて落ちやすいために、ヨウ素やセシウムに比べて拡散の度合いは少ない。また、空中では放射線が4センチメートルしか届かないため、外部被ばくの心配はそれほどない。

しかし、プルトニウムは人体に悪影響を与えるとされるアルファ線を出す。半減期が約２万４０００年という気が遠くなる年月なので、万が一内部被ばくすれば、排泄されない限り長く体内に留まることになる。とくに肺に蓄積された場合は、強い発がん性を示すとされている。

日本では原子力発電の燃料としてのプルトニウムを再処理する計画もあるが、核燃料のリサイクルは管理が難しく、トラブルも多い。

人間が発明したものではあるが、人間が管理できているとは到底いえないのである。

2章　戦争のための発明

【戦場を疾走し人間をも押しつぶす】戦車

■馬にも銃にも負けない新兵器

その昔、戦場では騎馬兵が大活躍していた。全速力で突っ込んでいき敵陣をかき乱したり、逃げる敵を素早く追撃したりした。

ところが、銃の性能が上がるにつれて、その威力は衰えていく。射程距離が長くなった分、途中で狙い撃ちされたり、馬が疲れてしまい機動力が落ちたからである。

そんな騎馬兵に代わる、もっと強力な手段として考案されたのが戦車だ。

戦車が初めて戦場に姿を現したのは、第1次世界大戦中の1916年だった。イギリス軍が使用した「マークⅠ」である。

第１次世界大戦中の「ソンムの戦い」に投入された「マークⅠ」

■防御と攻撃の両面をあわせ持つ

イギリスは戦車の開発にいち早く取り組んだ国である。中心となっていたのは、陸軍中佐のスウィントンだ。

戦場には数多くの塹壕が掘られている。普通の装甲車ではそれを突破していけないことを彼は実感していた。そこで、装甲車にキャタピラをつけることを思いついたのである。

キャタピラ自体は、もともと農業のトラクター用につくられたものだった。しかし、柔らかい農耕地で使えるのならば、戦闘で荒れた土地でも役に立つに違いないと見込んだのだ。

スウィントンの案は陸軍省では受け入れられなかったものの、海軍本部に持ち込んで開発を認めさせた。

そして、ウィルソン海軍大尉が設計した戦車が実用化の第一歩となった。

マークIは菱形をしており、銃座や砲座を備えていた。また、1メートル以上の障害物や約2・5メートルの溝も乗り越えられた。

とはいえ、開発されたばかりの戦車はけっして高性能とはいえなかったらしい。

初戦では、故障やぬかるみにはまりこんで動けなくなるトラブルが続出した。結局、用意していた49台のうち、実戦に参加できたのはわずか9台だった。

もっとも、これだけでも敵を震え上がらせるには十分だった。

自分たちの攻撃がまったく役に立たないばかりか、ゆっくりと進みながら銃弾を浴びせてくる。この見たこともない怪物に、ドイツ兵は散り散りになって逃げ出したという。

防御と攻撃の両面を備えた戦車の威力が示された瞬間だった。

ちなみに、戦車のことを英語では「タンク」というが、その名もこのときに生まれている。

天安門前で警備にあたる人民解放軍戒厳部隊と戦車(1989年6月9日)(写真提供:AFP＝時事)

戦車の存在は極秘にされていたが、これだけ大きいものを戦場へ運ぶのはやはり目立つ。そこで、貯水のためのタンクだと偽ったのだ。この呼び方が今日まで残っているのである。

■人間を踏みつぶすこともできる

その後の戦車の開発に大きな影響を与えたのは翌年に登場したルノーFTで、フランス軍の大佐エスティエンヌが考え出した。

優れた防御性、そしてキャタピラの上に載った車体、そこに据えられた360

度回転する砲塔など、このルノーＦＴのスタイルが以後の戦車の基本形となったのである。

ルノーＦＴはいわゆる軽戦車で、ある程度スピードがあり小回りがきく。

エスティエンヌは戦車は歩兵を援護する道具だと考え、それをルノーＦＴで実現し、戦車にはいろいろな使い方があるということを示してみせた。

それ以降、世界各国で独自の技術を加えた戦車がつくられていったのだ。

戦車の前では、生身の人間など無力に等しい。１９８９年に中国で起きた天安門事件では、人民解放軍の戦車が民衆を虫けらのように踏みつぶしたともいわれている。

ちなみに日本では、数年前から陸上自衛隊には10式戦車が装備された。これは装甲車からゲリラにまで対応できる火力・防衛力・機動力を備えている。

さらに、情報共有のためのネットワーク・システムであるＣ41という機能もある。陸自の戦闘車両としてははじめて搭載されたものだ。戦車はその時代の先端技術の塊だといえるかもしれない。

【姿を隠して敵を攻撃する】潜水艦

■最初の潜水艦は木製だった

1869年に発表されたジュール・ヴェルヌの『海底二万里』は、潜水艦ノーチラス号に乗ったネモ船長の冒険を描いた小説だ。

もちろん、これは架空の物語ではあるものの、ノーチラス号という名前の潜水艦は、後述するように実際に存在している。

ところで潜水艦というと、非常に新しい技術に思えるかもしれない。

しかし世界初の潜水艦は、なんと小説より200年以上も前に誕生しているのだ。

この第1号を建造したのは、オランダ人の発明家コルネリウス・ドレベルである。

これは木製の船体を防水加工した革で覆い、人がオールで漕ぐという非常にアナログな潜水艦だ。しかも、ごく浅い水面下でしか航行できなかった。

とはいえ、とにかく水に潜ることには成功したのである。

もっとも、ドレベルの潜水艦は実験だけで終わっており、はじめて実用化されたのはアメリカ独立戦争の頃だ。そして、これが潜水艦の未来を決めるきっかけになった。このときから潜水艦は、ただ水中に潜るだけではなく、敵を攻撃する兵器としての道を歩み始めたのである。

■卑怯な兵器とみなされる

アメリカ独立戦争の際に登場したのは、デヴィッド・ブッシュネルが考案した「タートル」で、現在の潜水艦とは似ても似つかない卵形をしていた。定員1名とサイズも小さい。

ブッシュネルは、水中からそっと敵艦に忍び寄り、船底に機雷を取りつけて爆破させることを目論んでいた。

しかしタートルは何度か出撃したものの、機雷の取りつけには失敗している。

1800年にはロバート・フルトンが2～4人乗りのノーチラス号を建造している。

世界初の潜水艦「ドレベル」

このノーチラス号は4時間もの潜航が可能になっていて、フルトンは機雷で戦艦を爆破する実験にも成功している。潜水艦の実戦能力を証明したわけだ。

ところが、これで潜水艦が普及したかというと、そうではない。

まだ性能が不十分だったこともあるが、倫理的な問題も大きかった。

当時は、正々堂々と正面切って戦うのが当たり前という考え方が主流だった。だが、潜水艦は姿を隠してこっそりと攻撃をしかける道具だ。そのため、卑怯な兵器と見なされて敬遠されたのである。

しかし、19世紀末になって科学が発達すると潜水艦も格段に機能性を高めた。

そして、この兵器にいち早く目をつけたのがドイツだった。

■海に沈んだ潜水艦の乗員は全滅

第1次・第2次世界大戦の際、ドイツは「Uボート」を大量に投入している。ボートと名づけられているが、これは潜水艦だ。

とりわけ、第1次世界大戦でのイギリスの被害は甚大だった。

最初、Uボートは補給船を狙って襲撃していたが、やがて商船でも客船でも見境なく攻撃するようになったのだ。

1917〜18年の1年間だけで、イギリスは2600隻以上の船を失った。

戦争が終わっても、潜水艦は進化し続けている。

原子力を動力にした潜水艦が生まれ、さらには空中や地上に向けたミサイルも発射できるようになった。2011年にリビアの内戦に多国籍軍が介入したときには、海中からミサイルによる攻撃が行われたという。

だが、どれだけ技術が向上しても、海中を潜航する潜水艦は危険と隣り合わせである。

Uボート VIIC 型。この型は全長 67.1 メートル、全幅 6.2 メートル、全高 9.6 メートルで、潜行時に時速 14.1 キロメートルで進むことができた。

たとえば、2000年には演習中だったロシアの原子力潜水艦クルスクが、何らかの原因で海底に沈んでしまった。

このときは救助が難航し、ようやく脱出用ハッチが開けられたのは事故から9日後のことだ。

その程度の日数なら潜航も可能だったはずだが、全体が浸水しており生存者はひとりもいなかったのである。

【体と心の両方を傷つける】地雷

■地下に隠れた悪魔の兵器

核兵器、生物兵器、化学兵器をあわせて大量破壊兵器という。これらは無差別に大量の死傷者を生み出す恐ろしい兵器だ。

しかし、この中にこそ含まれていないが、〝悪魔の兵器〟と呼ばれるものがあることを知っているだろうか。それは地雷である。

じつは地雷がいつ、どこで発明されたのか、正確なところはわかっていない。ただ、火薬を発明した中国が発祥ではないかとみられている。実際、地中に埋める形の地雷がはじめて戦闘で使われたのは、13世紀後半の中国である。

また、中世のヨーロッパでは城塞を攻撃する際にトンネルを掘り、地下から爆破する方法を地雷と呼んでいた。

これが地雷という名の由来であり、その後アメリカ南北戦争の頃から近代的な地雷が使われるようになった。

中世から存在していた地雷だが、それが急速に発展したのは近代になってからである。とくに第1次世界大戦で戦車が登場すると、地雷の果たす役割は大きくなった。

ソ連製の TM-46 対戦車地雷

■対戦車地雷から対人地雷への進化

現在では地雷といえば、主に対人地雷をさすが、最初に普及したのは対戦車地雷である。戦車はどんな障害をものともせずに進んでくる驚異的な新兵器だった。兵士が使う銃などではとても太刀打ちできない。

そうした戦車対策として登場したのが、大型の対戦車地雷だ。戦車のように重いものがその上を通過すると爆発するしくみになっていた。

これは敵の殺傷というより、戦車そのものを破壊して足止めすることが狙いだった。

とはいえ、対戦車地雷の存在が知られるようになると、相手も警戒するようになる。戦車が通過する前に、兵士が掘り出してしまうことも少なくなかった。

そこで、地雷を除去する人間を牽制するために、もっと軽くても反応する対人地雷が開発されたのだ。

この対人地雷の発明が地雷の使用をさらに加速したといえる。

対人地雷は1個数百円と安いため、資金の乏しい国でも簡単に手に入れられる。その結果、世界中のあちこちに多量の地雷が埋められることになったのだ。

■人に精神的なダメージを与える

地雷が悪魔の兵器といわれるのには、いくつかの理由がある。

対人地雷の威力はさほど大きくない。1回の爆発で犠牲になるのは1～2人で、命が助かる人もいる。

だが、爆発によって手足がちぎれたり、皮膚がズタズタに切り裂かれたりするので、回復しても身体に障害は残る。それによる精神的なダメージもけっして小さくないのだ。

戦場でも、血まみれになってのたうち回る仲間を見た兵士は恐ろしさに足がすくんでしまい、戦意を失ったといわれている。

地雷のために右足を失ったモザンビークの老人

また、地中に埋めた地雷は何年も残る。たとえ戦争や紛争が終わったとしても、兵器としての機能は失われていないのだ。

しかも、畑や森など生活区域にも地雷は残されている。危険だとわかってはいても、そこに踏み込まざるを得ない民間人も多いのだ。

そうして、これまで兵士のみならず、多くの民間人が傷つけられてきた。地雷はいわば、長年にわたって無差別攻撃をする兵器だといえるだろう。

こうした兵器の使用を止めようと、1997年には対人地雷全面禁止条約（オタワ条約）が成立した。これは地雷の使用、生産、備蓄、輸出入を禁止したもので、現在約162カ国が加盟している。

残された地雷の除去は現在も行われてはいるが、それを除去する人間が被害に遭うこともある危険な作業だ。慎重を要する除去作業は進んでいるものの、アフガニスタンやリビアではそれぞれ年間1000人を超える被害者が出ている（2015年）。

ただ、「世界最悪の地雷汚染国」のひとつだったカンボジアは、1996年のピーク時の50分の1にまで地雷の数は減少している。

【四方八方にダメージを与える】手榴弾

■最初は使い勝手が悪かった

手で石を投げるというのは、ごく原始的な攻撃方法である。

しかし、同じように手に収まるほどのサイズでも、石ころとは比較にならない破壊力を持つのが手榴弾だ。

手榴弾がいつ発明されたのかははっきりしていないが、その先祖といえるような兵器は8～10世紀頃には存在していた。

たとえば、ビザンツ帝国では「ギリシア火」と呼ばれるものが使われている。ギリシア火は可燃性の液体で、これを陶器やガラス容器に詰めて投げ飛ばしたのである。

あるいは、黒色火薬を発明した中国にも「震天雷」という武器があった。こちらは鉄の容器に火薬を詰めたもので、爆発によって大きなダメージを与えたと伝えられている。

このように火薬を使った手榴弾は、やがてヨーロッパへと広まっていった。

もっとも、今日のような小型の手榴弾が登場したのは20世紀に入ってからである。それまでの手榴弾は重さが約1・5キロもあった。火薬に加えて弾丸も込めたので、破壊力は増していたものの、屈強な兵士でなければうまく投げることができない。そのため、擲弾兵という手榴弾専門の部隊がつくられたのである。

しかし、使い勝手の悪さから、手榴弾はしだいに敬遠されるようになっていった。

■小さくなって多用されるようになる

そんな手榴弾が再び戦場で脚光を浴びるようになったのは、第1次世界大戦のときだ。手榴弾は塹壕に潜む敵を一掃するのに、うってつけの武器だったからである。

塹壕は相手の攻撃を防ぐためにつくるものだが、内部には身を隠すものがない。そこに手榴弾を投げ込めば、逃げる間も与えずに敵を仕留めることができるというわけだ。

左：ミルズ型手榴弾 N°36　右：「ギリシア火」と呼ばれた武器（丸い方）

　そこで各国はいろいろな手榴弾を開発した。

　なかでも斬新な手榴弾を生み出したのは、イギリス人のウィリアム・ミルズである。

　ミルズはアルミニウムの鋳造で成功していた人物だが、戦争が始まると軍需工場を設立して、「ミルズ手榴弾」を設計したのだ。

　この手榴弾は鋼鉄か鋳鉄でできており、外側には48個の正方形が刻まれている。見た目には小さなパイナップルのような外観だ。

　といっても、この正方形は単なる飾りではない。爆発とともに四方八方に飛び散って、大きな殺傷力を発揮するのだ。

M67手榴弾を投げる兵士。宙を舞う手榴弾の右に見えるのは本体から外れた安全レバー。

ミルズ手榴弾は機能性も優れていた。

かつての手榴弾は導火線に火をつけて投げた。そのため、タイミングを誤ると味方を傷つけてしまったり、逆に相手から投げ返されてしまうこともあった。

その点、ミルズ手榴弾はレバーを引いて安全ピンを抜き、あとは投げるだけである。

途中でレバーがはずれると着火し、およそ5秒後に爆発する。手元で爆発することもなければ、相手が投げ返す暇もない。しかも、約600グラムと非常に軽い。これなら専門の擲弾兵でなくても使えるということで、イギリス軍部がすぐさま取り入れたのである。

ミルズ手榴弾は連合軍にも重宝され、終戦までに約7000万個が使われた。

■グレネードランチャーに発展

一方、敵対するドイツが使ったものでは木製の柄がついた手榴弾がよく知られている。棒の先に爆薬を詰めた缶がついたタイプで、点火用のひもを引いて投げる。投げやすいため、飛距離はミルズ手榴弾より長かった。

ミルズ手榴弾も飛距離を伸ばそうと小銃を使って発射したりもしたが、これはあまり精度が高くなかったようだ。

しかし、その発展形として、のちにグレネードランチャーが登場する。

これは手榴弾を発射する火器で、今でも歩兵の有力な武器のひとつとなっている。手榴弾はさらに威力を増しているのだ。

グレネードランチャー（©Irish Defence Forces）

【1億人以上の命を奪った】カラシニコフ

■世界でもっとも使用されてきた銃

人の命を奪う目的で使用されてきた武器で、長い歴史を持つのが銃である。

古くは鉄砲と呼ばれ、火縄銃、ライフルと、時代を経るごとに進化を遂げてきた。現在ではさまざまなタイプの銃があり、細かくカテゴリ分けされている。

これまで世界でもっとも使用されてきたのは、ロシア生まれのカラシニコフだ。

カラシニコフはロシアの元軍人で銃器設計者であるミハイル・カラシニコフが生み出した自動小銃で、その型式から「ＡＫ－47」と呼ばれている。Ａはロシア語で突撃銃（小銃）を意味する「アブトマット」、Ｋは「カラシニコフ式」のそれぞれの頭文字で、47は製造年（１９４７年）である。

もともと機械工だったカラシニコフは、第２次世界大戦で旧ソ連の戦車部隊に所属

カラシニコフを構えるエチオピアの男性

しており、ナチスドイツとの戦いを体験した。そのとき、ドイツ軍が使用していた武器に衝撃を受け、祖国の発展に貢献できる新しい銃器をみずから設計することを決意したという。

■テロリストも使いはじめる

AK−47は、第2次世界大戦でナチスが愛用した「StG44」をベースにした7・62ミリメートル×33ミリメートル口径の銃だ。威力がある一方、泥や砂まみれになっても正常に作動し、壊れにくい。

また、カラシニコフの信条はシンプルであることで、価格も比較的安かった。

部品がユニット化されておりコピーや改良がしやすく、そのため、共産圏の国々や紛争地、そしてテロリスト集団らの間にも一気に広まったのである。

その結果、1970年代にカンボジアで起こったポル・ポト派による理不尽な粛清や、1994年のルワンダ虐殺などでAK－47は多くの人の命を奪った。

1960～75年まで続いたベトナム戦争では、アメリカ軍の将校がAK－47が水に漬かっても撃てることに驚き、倒した北ベトナム軍の兵士の銃を奪って使用するよう命じたともいわれている。まさに殺戮のための道具と化したのである。

AK-47を手にするパレスチナ解放人民戦線のメンバー（1967年）

■祖国を守るための発明だった

これまでのAK－47と名がつくものは世界で8000万挺、奪った命は1億人以上といわれ、「史上最悪の大量破壊兵器」という不名誉なフレーズもつけられている。

カラシニコフ自身は2013年12月にこの世を去ったが、じつは生前、ロシア正教会の主教に懺悔の手紙を送っていたことがわかっている。

それによると、自分がつくった銃で世界中の人命が奪われていることは、耐え難い悲しみである。そんな銃を世に生み出した自分はやはり罪深い存在なのかと、自責の念にかられた内容だったという。

カラシニコフ銃を生み出したミハイル・カラシニコフ

ちなみに、旧ソ連は共産主義国だったため特許を取得できず、いくら銃が大量に売れてもカラシニコフのもとには一銭も入ってこなかった。
晩年に行われた日本のメディアのインタビューにも「私はナチスから祖国を守るため、優れた銃をつくろうとしただけだったのに」と語ったという。

【1分間で数百発を撃つ】機関銃

■機関銃の元祖はガトリング砲

幕末から明治にかけて日本を揺るがした戊辰戦争の際、当時新潟にあった長岡藩と新政府軍の間で激戦が繰り広げられた。

このとき長岡藩は、当時の日本にはまだ3門しかなかったといわれるガトリング砲のうち2門を使って応戦している。

このガトリング砲こそ、世界で最初の機関銃である。

ガトリング砲は6本の銃身をひとつに束ねたような形をしており、ハンドルを回すと次々に銃弾が連射されるというしくみになっていた。

操作は手動ではあるものの、銃弾の装填から発射までを自動的に行える。しかも、ハンドルを素早く回せば、1分間に150〜200発もの銃弾を撃てたという。

機関銃の元祖といえるガトリング砲

現在の機関銃とはずいぶん異なるが、当時としては恐るべき兵器だったといえるだろう。

ガトリング砲が発明されたのはアメリカ南北戦争中の1862年で、生みの親は、アメリカ人のリチャード・J・ガトリングという人物である。

といっても、ガトリングは軍人でも発明家でもなく、なんと医者である。人の命を救う医者と、命を奪う兵器とは両極端にあるように思えるが、そこには彼なりの理由があった。

ガトリングのもとには毎日、戦闘で傷ついた兵士が運び込まれてくる。大半はそのまま命を落とし、助かった者も不自由な身体になることが多かった。

それを見ていた彼は、機械で動く高性能の銃を開発すれば戦場に送り込む兵士を減らせるのではないかと思ったのだ。

ガトリングはこう語っている。

「この速射砲を使うと、1人の兵士で100人分の働きができるだろう。そうすれば、大部隊を編成する必要もなくなる。戦争は機械にやらせればいいのだ」

ある意味、医者としての職業意識が機関銃を生み出したともいえるのである。

ただし、ガトリングの本音は金もうけにあったともいわれている。南北戦争では大々的に導入はされなかったものの、その後改良を重ね、各国から少しずつ注文が舞い込むようになった。すると、銃の価格に加えて手数料までせしめていたのである。

■2分間で200人を一掃する

ところで、ハイラム・スティーブンス・マキシムという人物をご存じだろうか。電灯の発明でトマス・エジソンとライバル関係にあったアメリカの発明家だ。電灯の競争では敗れたとはいえ、マキシムは別の発明でその名を残している。それは新型の機関銃だ。

マキシム機関銃（1895年発行「Cassier's Magazine」より）

1884年に発表されたマキシム機関銃は、それまで最強の兵器だったガトリング砲を一掃してしまうほどの威力を持っていた。

これは弾丸を発射した爆発力を利用して次の弾丸を装填するというもので、ベルトにつながれた銃弾が自動的に送られていく。いわゆるフル・オートマチックの機関銃が誕生したわけである。

1分間に数百発もの発砲能力があり、性能もぐんとアップした。しかも、銃身は1本になり持ち運びにも便利である。

マキシム機関銃はヨーロッパ各国で購入されるようになったが、とくに植民地においては機関銃の威力は絶大だった。

たとえば、１８９９年にイギリスの植民地で起きたイスラム教徒の反乱では、イギリス軍のマキシム機関銃が火を噴いた。戦闘は40分で決着がつき、戦場には1万人以上のイスラム兵の死体が転がっていたという。

ここで使われたのはわずか6丁の機関銃だったが、それほどの殺傷力を持っていたのだ。

さらに、日露戦争でも機関銃のすさまじさが発揮された。ロシア軍が備えていた2丁のマキシム機関銃は2分間で１０００発もの銃弾を発射し、２００人の中隊を一掃してしまったと伝えられている。

こうした成果を目の当たりにした国は機関銃の装備を強化し、それが塹壕戦を生み出すきっかけとなっていったのである。

【猛烈な炎を吹き出す】火炎放射器

■北朝鮮で実行された残忍な処刑

2013年に起きた北朝鮮での粛清のニュースは国際社会を震撼させた。

現在のトップである金正恩《キムジョンウン》第一書記の叔母の夫で、実質的な北朝鮮のナンバー2といわれていた張成沢《チャンソンテク》が突然、朝鮮労働党から除名されたのだ。

そして、国家転覆の罪で死刑を宣告され、即日処刑されたという情報が北朝鮮から発信されたのである。

しかもその後、その処刑のしかたがあまりにも残忍だったことが洩れ伝わってきた。

張成沢は処刑直前まで拷問にかけられ、4つの銃口を持つ機関銃の乱射で息の根を止められる。さらに、「最高司令官の命令に従わない者らは死んでもこの地に埋葬する場所などない」として、遺体は火炎放射器で肉片になるまで焼かれたというのだ。

いうまでもないが、火炎放射器というのは人間を処刑するために発明された装置ではない。だが、それだけ猛烈な炎を発射することができるのも確かだ。

■隠れている敵兵を焼きつくす

火炎放射器は、兵士が携帯する武器のひとつとして1901年にドイツの技師カール・フィドラーが発明した。

そのしくみはこうだ。まず、可燃材と窒素ガスが詰められた円筒状のタンクにゴム管がついている。管の先には発火装置を内蔵したノズルが取りつけられていて、レバーを押し下げると猛烈な煙と火のついた可燃材が発射される。塹壕などの狭い空間に隠れている敵の兵士を攻撃するのに威力を発揮する武器だった。

だが、放射距離が10～20メートルと短いために接近戦でしか使えない。しかも、タンクが攻撃されると炎上するという致命的な問題もあった。そのため、第1次世界大戦時にすでに実用化されていたものの、開発国のドイツ以外の軍で採用されることはなかった。

火炎放射器が草木を焼く様子

■使う人間も炎に巻き込まれる

火炎放射器が戦争での使用に耐える兵器として改良され、各国の軍隊で使われはじめたのは第2次世界大戦中からだ。

イギリスやアメリカ、イタリアも兵士が携帯しやすい背負い型の火炎放射器を開発していた。

だが、火炎放射器には、それを使うオペレーターが逆に炎に襲われるという欠点があった。

敵陣が風上にいた場合、風にあおられて炎が自分に向かって流れてきてしまうのだ。そのため、兵士は動きづらい防護服を着なければならなかった。

そこで、アメリカ軍は燃料にナパームを混ぜて、可燃物をゼリー状にした。ナパームはヤシのパーム油から取れるアルミニウム塩で、石油類と混ぜると粘りが出てゼリー状になる。しかも、1000度以上の高温で燃えて、なかなか炎は治まらない。

アメリカ軍はこのナパームを充填した火炎放射器をベトナム戦争で使用した。だが、ベトナム戦争ではアメリカ軍当局がメディアの自由な報道を許可したために、火炎放射器の非人道性を白日の下にさらすことになった。火炎放射器から放たれた炎がゲリラやベトナム市民を焼き、もがき苦しみながら死んでいく様子をカメラが捉えていたのだ。

ベトナムで起こっていることの真相を知ったアメリカでは政治不信と反戦デモが広がり、軍は火炎放射器の使用を自粛した。

以来、新しく開発された火炎放射器は登場していない。だが、人道的に配慮しないといわれる国である北朝鮮では、残虐な公開処刑に使われているようだ。

【遠くの都市をも破壊する】大砲

■さまざまな工夫の末巨大化する

18世紀にイギリスで起こった産業革命は、さまざまな技術を発展させて人々の暮らしを一変させた。

もちろん、その中には人の役に立つ技術も多かったのだが、最新技術は武器の性能をも高めていったのだ。この時代に開発された大砲もまた飛躍的な進歩を遂げている。

大砲のような武器は古くからあったものの、大型で丈夫な大砲がつくられるようになったのは14世紀後半のことだ。城壁を打ち破るための兵器として登場したのである。

初期の大砲は砲弾に石を使っていたのだが、攻撃に備えて城壁を厚くされてしまえば歯が立たない。

そこで、砲弾を鉄球にする、砲弾の形を変える、射程距離を長くするなど、次々と破壊力を増す工夫が凝らされていったのである。

また、大砲の性能向上と同時に砲弾を発射させる爆薬の研究も進んだ。

だが、強力な爆薬を使うには、それに耐えられるだけの強さを持った砲身が必要になる。

その問題を克服する画期的な大砲を生み出したのが、ドイツ人のアルフレート・クルップだった。クルップは、はじめて鋼鉄製の大砲をつくったのである。

■大砲どうしの争いが始まる

クルップの鋳鋼技術は抜群だった。

圧延機や鉄道の部品など、さまざまな製品で成功を収めており、彼の鋼鉄は世界で最高の品質だといわれたほどだ。大砲にも早くから関心を抱いていたらしい。

1851年に行われたロンドン万博では、2トンの鋼鉄の塊と、6ポンドの大砲を出品しており、これが世界初の鋼鉄製大砲となる。

その後も鋼鉄の質を高めたり、大量生産の方法を導入したりする一方で、クルップ

イギリス軍によって破壊されたクルップの工場に残っていた未完成の大砲

は大砲の性能向上にも力を尽くした。その結果、クルップ砲は、700発近い砲弾を撃ち続けても壊れないほど頑丈になった。

とはいえ、いくらクルップが大砲をつくっても自国プロイセンからの発注はなかなかこなかった。

しかし、「鉄血宰相」の名で知られるビスマルクが首相に就任して状況が一変した。彼は軍備の増強に力を入れており、主要な戦力としてクルップ砲を大量に買い入れたのである。

クルップ砲が恐るべき威力を発揮したのは普仏戦争のときだ。

フランスはミトライユーズという最新の機関銃を装備していたが、プロイセンのクルップ砲は射程距離が10倍も長かったのである。

これでは最新兵器もまったく役に立たず、雨あられと砲弾を浴びせられたフランス軍は連敗を重ねた。クルップ砲という武器がプロイセンに勝利をもたらしたわけだ。

数々の成果を挙げたクルップ砲には他国からの注文も殺到した。そして、クルップは国を問わず、大砲を売りさばいたのである。

そのため、敵味方の双方がクルップ砲を使って戦うというケースも発生した。

クルップは生涯に2万以上の大砲を生産し、「大砲王」と呼ばれるようになった。

■100キロ先の敵を攻撃する

ところで、クルップ社の大砲は第1次世界大戦でも登場している。

「ディッケ・ベルタ」と呼ばれた大砲は口径420ミリ、重さ40トンという巨大さで、14キロ先まで射程に入れることができた。

炸裂音もすさまじく、これを撃ち込まれたベルギーでは弾薬庫がすべて爆発したのかと思ったという。

パリ砲。射程100キロ以上となると、富士山で発射した砲弾が東京スカイツリーに届く計算になる。

また、さらに巨大な「パリ砲」もつくった。なんと射程が100キロ以上という大砲だ。砲身は34メートルもの長さがあり、弾丸は成層圏を駆け抜けていった。

これほど遠くまでモノを〝投げられる〟兵器はパリ砲がはじめてである。この攻撃によって、パリでは800人以上が死傷した。

やがてクルップ社は、軍艦や弾丸などあらゆる兵器を製造するようになり、ドイツの武器産業を担っていったのである。

【遠くの敵を攻撃する超音速兵器】ミサイル

■戦争中に進歩したロケット技術

かつては宇宙へ出ることなど夢物語でしかなかったが、今では宇宙飛行士が国際宇宙ステーションで半年間も長期滞在するほどになっている。

人間や衛星を宇宙へ打ち上げることを可能にしたのは、ロケット技術の進歩だ。こうした技術は、第2次世界大戦中のドイツで急速に発展した。

ただし、このときのロケットは宇宙飛行のための乗り物として考えられていたわけではない。彼らが求めていたのは、遠くにいる敵を攻撃するのに有効なより強い兵器だった。

そして、その開発の中からミサイルという新兵器が生まれたのである。

Ｖ１ミサイルの運搬の様子（1944 年）

■撃墜されにくい超音速の兵器となる

第2次世界大戦末期、劣勢をくつがえそうとしたドイツはV兵器を送り出す。Vはドイツ語で報復を意味する単語の頭文字だ。

数々の軍用機を製作したフィーゼラー社が開発したV1が世界初のミサイルとなった。

V1はジェット・エンジンを搭載した無人飛行機のようなものだ。目標地点まで飛んでいくとエンジンを停止し、爆発物もろとも落下するというしくみだった。

1944年6月から使用が始まったが、

ロンドンに向けて約８０００発が発射され、２万５０００人以上が死傷したと伝えられている。

とはいえ、Ｖ１は飛行速度が遅いうえにすさまじい爆音をたてるため発見されやすく、途中からは撃ち落とされることが多くなった。

このＶ１から数ヵ月遅れて登場したのが、ロケット・エンジンを使ったＶ２だ。開発の中心となったのは陸軍のヴァルター・ドルンベルガーと、若い研究者ヴェルナー・フォン・ブラウンの２人だ。

もっとも、彼らの思惑には微妙にズレがあった。

ドルンベルガーの目的は、あくまでも超長距離を飛ぶ兵器をつくることだった。それに対して、ブラウンは月まで届くロケットをつくりたいと考えていたのである。だが、民間の研究所では資金が乏しい。そこで、豊富な資金を提供してくれる軍部のもとで研究を続けたのだ。

当初、ブラウンの実験は失敗の連続だった。それでもひとつずつ問題を解決し、ようやく完成にこぎつけたのである。

Ｖ２は全長14メートル、重さ約12・5トンで、最大射程距離は３２０キロメートルだ。

しかも、超音速で飛行するためにほとんど撃墜されることがなかった。

そして、Ｖ２はその後のミサイルに大きな影響を及ぼすことになる。弾道ミサイルの元祖となったのだ。

■核弾頭をかかえたミサイルもある

弾道ミサイルとは放物線を描きながら、つまり弾道に沿って標的に飛んでいくミサイルだ。

発射直後は推進エンジンを使うが、そのあとは慣性で上昇し、やがて重力で落ちてきて爆発する。目的地に到達するまでの時間が短く、迎撃するのが非常に難しいミサイルだ。

大陸間弾道ミサイル、中距離弾道ミサ

Ｖ２の発射テストの様子（1945年）

イル、潜水艦発射ミサイルなど種類もさまざまで、なかには核弾頭を備えたものもあった。

冷戦時代、競い合うように新型弾道ミサイルの開発に取り組んでいたのはアメリカとソ連だ。その基礎はドイツのミサイル技術にあった。両国とも終戦間際からドイツ人研究者を密かにスカウトしていたのだ。

弾道ミサイルは互いを牽制しあう抑止力になったが、一触即発の事態を招く原因になったこともある。1962年に起きたキューバ危機がそれだ。

きっかけはソ連がキューバに中距離弾道核ミサイルの基地を建設したことだった。当時、アメリカもトルコに中距離弾道核ミサイルを配備しており、一気に緊張が高まった。幸いにも衝突は免れたものの、世界は核戦争が始まるのではないかと恐れたのである。

近年では北朝鮮による弾道ミサイルの発射が相次ぎ、日本や韓国、アメリカに強い危機感を抱かせている。世界がミサイルの脅威から逃れることができる日はまだ先の話になりそうだ。

【電波を使って敵を見つける】レーダー

■発明の陰にある「殺人光線」

レーダーと聞いて思い浮かぶものといえば、天候を観測するための気象レーダーや、車の速度違反をキャッチするオービスなど、私たちの生活に身近なものも少なくない。

それらの基礎ともいえるしくみを発明したのは、蒸気機関の生みの親、ジェームズ・ワットの子孫でスコットランド出身の物理学者、ロバート・ワトソン・ワットである。

電波は直進して物体に当たると反射する。この原理については、19世紀にすでにドイツのヘルツによって実証されていた。

ワトソン・ワットはこれを応用し、動く物体に電波を反射させ、その行程を監視することで、対象物の速度や高度、移動の方向などが判明する装置を開発したのだ。これが1935年のことである。

生み出された装置は、日本語で「無線方向探知機」となる英語読みの頭文字をとり、「レーダー」と名づけられた。

ところが、このレーダー開発の陰にはある物騒なキーワードがあったのだ。

そのキーワードとは「殺人光線」である。

■電波を使った索敵機が開発される

第2次世界大戦前、イギリスでは対ドイツに備え、新しい兵器の可能性を模索していた。爆弾や敵兵を一撃で粉砕できる強力な光線、すなわち殺人光線である。

まるでアニメや映画に出てくるようなレーザー銃のようなものを当時は本気で実現化しようとしていたのだ。

航空省は「1000ヤード先の羊を殺せる殺人光線を発明したら1000ポンド（現在の2400万円程度）」という報奨金を設定していたというから、その力の入れようがわかるだろう。

それに、イギリスが焦っていたのには理由があった。それはドイツでヒトラー率い

レーダースコープを監視するアメリカ海軍の航空交通管制官

るナチスが暴走し始めていたことと、そのナチスが殺人光線をすでに手に入れたという噂をキャッチしたからである。

そこで、政府は無線通信などに長けていたワトソン・ワットに殺人光線の実現の可能性を問いただした。

すると、人間を殺すには何十億キロワットという光線が必要になるが、そんなエネルギーを生み出すことは不可能である。

仮につくれたとしても、光線は金属を通り抜けないので兵器にはならないという結論をつきつけられたのだ。

そこで、ワトソン・ワットは殺人光線ではなく、電波を使って敵の居場所を察知する装置の開発なら可能だと提案した。

つまり、レーダーは殺人光線の代替品として生まれたともいえるのだ。

■日本人の発明が敵国に利用される

ところで、太平洋戦争以前、日本でも海軍がレーダーの重要性を上層部に説くも相手にされなかったという話がある。

日本では、1928年に八木秀次と宇田新太郎が「八木・宇田アンテナ」を発明している。

この発明は欧米諸国を中心に話題になったが、日本では驚くほど評価が低かったというから、そもそもこの分野への理解が足りなかったのだろう。

このアンテナは現在もテレビアンテナとして活用されているもので、きわめてシンプルな構造でありながら、それまでつくられたアンテナよりも指向性の高いものだった。

これを巧みに利用すれば、他国を出し抜いてレーダーを開発することができたにもかかわらず、当時の日本では誰もそれをやろうとしなかったのだ。

（左）ドイツの戦闘機メッサーシュミットにつけられたアンテナ
（右）現在も利用されている八木・宇田アンテナ（©Yonatan Horan）

その結果、敵国であるイギリスでは八木・宇田アンテナを用いたレーダーが開発され、戦場でしっかり活用していた。

日本がこのアンテナやレーダーの真の価値に気づいたのはこのときだったという。日本軍が敵を見つけるのに人間の目を頼りにしていたとき、連合国はレーダーを駆使して日本軍に攻撃をしかけたのだ。

日本がレーダー開発競争に乗り遅れずにいたら、あるいは戦況も少しは変わっていたのかもしれない。

【敵地にこっそり忍び込む】ステルス戦闘機

■見えない戦闘機

ライト兄弟がはじめて飛行に成功したのは1903年のことだが、これは画期的な一歩だった。操縦が可能で、なおかつエンジンを搭載した航空機が誕生したからである。そこからほんの数十年もたたないうちに航空機は目覚ましい発展を遂げた。急速な進化を推し進める原動力となったのは戦争だ。当初、航空機は主に軍事目的で開発されたのである。現在の大型旅客機に使われているジェット・エンジンも、戦闘機を開発する中から生まれたものだ。

その後もジェット機はさらに進化を続け、今や〝見えない〟戦闘機まで存在しているのである。

F-117A ナイトホーク

■機械類では捉えられない

この見えない戦闘機は「ステルス戦闘機」と呼ばれている。ステルスとは隠密や内密を意味する言葉だ。

よく軍用機には迷彩柄が施されているが、あれは人の目に見えにくいようにしたものでロージビリティという。それに対して、ステルスはレーダーや赤外線といった機械類で捉えるのが難しいしくみになっているのだ。

レーダーは遠くからでも機体の痕跡をキャッチできる。その性能が上がるほど、戦闘機の任務遂行は難しくなる。

そこで、こっそりと相手に忍び寄るた

めにステルス技術が研究されたのである。

1974年にアメリカ国防総省は、ノースロップ社、ボーイング社、グラマン社など5社にステルス戦闘機の開発を依頼した。

ところが、この開発競争に勝利したのは、ひと足遅れて計画に参加したロッキード・マーティン社だった。

同社にはスカンクワークスと呼ばれる最新航空機の研究チームがあるのだが、彼らが開発したステルス機が採用されたのだ。

ステルス戦闘機の第1号は1981年に初フライトを行い、翌年から配備された。これがF─117、通称ナイトホークである。

もっとも、ステルス戦闘機の開発は極秘の計画だ。そのため、長いことアメリカ国防総省はその存在すら否定し続けていた。ようやく世間に公表したのは、1990年のことである。

ステルス機の登場で、敵国のレーダー網をかいくぐり不意打ちを食らわせることが可能になった。その隠密性は高く、これまでに撃墜されたのはたった1機だと報告されている。

■偶然つくり出された最初のステルス機

ところで、ステルスが生まれる以前の第2次世界大戦中に興味深い出来事があった。

資材不足に悩んだイギリス空軍は、苦肉の策として木製の戦闘機を製造した。これがレーダーに引っかかりにくかったのである。

もちろん、それを意図していたわけではないものの、はからずもステルス機能の有効性を証明する形となったのだ。

思わぬところで生まれた木製のステルス機、デ・ハビランド モスキート

ナイトホークを開発したスカンクワークスのリーダーであるリッチは、ステルス機能を考える際、次の7点に注目したという。

それは、目視、赤外線、レーダー電波、エンジン・スモーク、飛行機雲、音、磁力線である。これらのうち、とくに赤外線とレーダーに重点を置いて研究に取り組んだのだ。

レーダーは物体に反射して発信地に戻り、相手の位置を特定する。リッチたちは直線ばかりを用いた三角形がレーダーを拡散してしまうことに気づき、機体を直線的な形にした。また、レーダーのパルスを吸収する特殊な塗料で全体を覆った。

一方、赤外線はジェット・エンジンの熱を感知するため、エンジンの排気口も改良したのである。

ステルス技術はアメリカが独占してきたが、近年ではロシアや中国でも盛んに研究が進められている。とはいえ、軍事上の機密であることに変わりはなく、開発の詳細は不明である。

【戦闘機にもなりえる】無人航空機

■すでに実践に投入されている兵器

『ロボコップ』『ターミネーター』などのＳＦ映画を観ていると、サイボーグが登場して激しい戦闘を繰り広げている。

もちろんこれらはフィクションで、現実世界にはサイボーグは存在しないが、じつはロボット兵器ならすでに実用化されているものがあるのだ。

そのひとつが無人航空機（ＵＡＶ）である。

偵察するにしろ攻撃するにしろ、戦闘機は敵地の上を飛ばなければならない。見つかれば撃墜される怖れがある危険な任務だ。そうしたリスクを減らすために、無人航空機が考案されたのである。

もっとも、無人機という考え方はけっして新しいものではない。たとえば、第２次

グローバルホーク

世界大戦のときには、アメリカ軍が中古の戦闘機をリモコンで操作してドイツ軍の基地に突っ込ませたこともある。

ただ、無人航空機の開発に本腰を入れて取り組むようになったのは1990年代に入ってからだ。開発をリードしているのはアメリカである。そして9・11以降、アフガニスタンやイラクでの戦争から本格的に実戦へ投入され、その威力を見せつけたのだ。

■無人戦闘機に変貌する

無人航空機のおもな任務は偵察である。その代表格ともいえるのが、大型無人偵察機のグローバルホークだ。

グローバルホークはアメリカ国防省の計画に基づいて1995年から着手され、無人機や標的機を手がけていたテレダイン・ライアン社（現在はノースロップ・グラマン社に吸収）によって完成した。

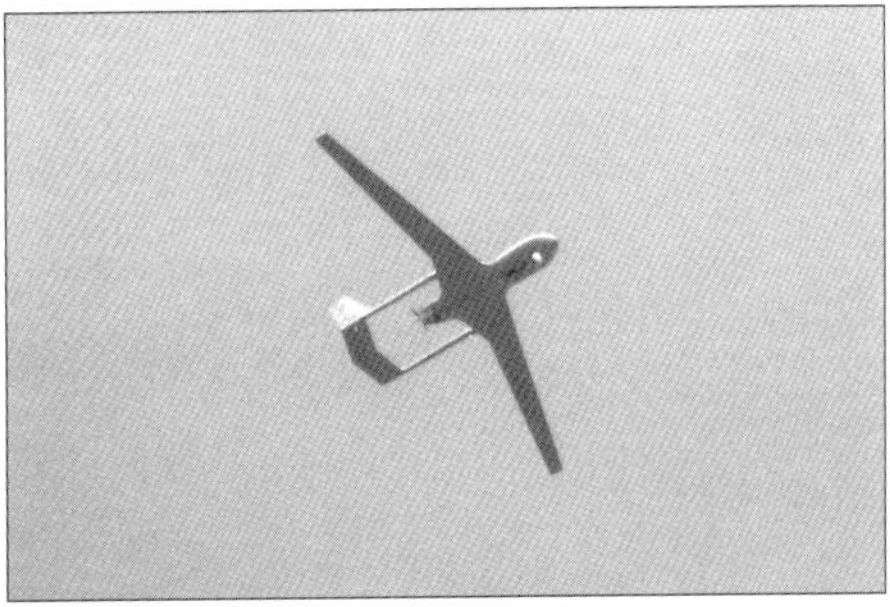
中国の無人偵察機・BZK005型と思われる飛翔体

世界的な衛星技術の発達でさまざまな場所を俯瞰できるようになったが、細かい部分まで把握することは難しい。

しかし、高度2万メートルを飛ぶグローバルホークからは、地上の様子が驚くほど詳細に伝えられる。これで天候や昼夜にかかわりなく、24時間の偵察が可能になったのだ。

しかも、ＡＩ（人工知能）を備えているので、最初にプログラミングしておけば、あとは自動操縦に任せておけるのだ。

また、中国が開発したＢＺＫ００５型もレーダーに映りにくいステルス性能を持つ無人偵察機である。約40時間にわたって広域を偵察できるといわれていて、2013年にはこのBZK005型が日本の尖閣諸島周辺に領空侵犯をしたことを中国政府も認めている。

また、高度1500〜4500メートルを飛行するプレデターは、1994年から2年半の歳月をかけて完成した。開発したのはアメリカのジェネラル・アトミックス社だ。同社はほとんど需要がない時代から、無人機をつくってきた。いつか必要とされる日がくるに違いないという見込みが、見事に的中したといえる。

そして、当初は偵察機としてつくられたプレデターには別の目的が加えられていく。攻撃機能も備えた無人戦闘機に変貌したのだ。

レーザーで味方のミサイルを誘導するほか、みずからも手を下せるようになった。イラク戦争では逃げ出したアルカイダ兵にレーザー誘導爆弾を撃ち込み、ほぼ全滅させたと伝えられている。まさに〝肉食獣〟という名にふさわしい兵器なのである。

■パイロットにかかるストレス

ただ、無人戦闘機にも問題がないわけではない。

たとえば、プレデターと同じくジェネラル・アトミックス社製のMQ－9リーパーは、原型となったプレデターよりも大型化され性能も向上している無人戦闘機で、基地にいるパイロットがコントロールしている。戦場にいないパイロットはゲーム感覚で任務を行っているように思えるが、じつは心理的負担がかなり大きいのだという。

操縦はもとより、攻撃は必ず人が判断して行わなければならない。しかも、送られてくる画像は鮮明だ。その生々しいモニター映像で、相手が絶命したかを最後まで確認しなければならないのである。

また、パイロットが基地にいるため、攻撃目標の誤認による誤爆や民間人の巻き添えが起こることも少なくない。

こういった作業は、実戦で相手を殺傷したときと同じだけのショックをもたらす。そのため、PTSD（心的外傷後ストレス障害）になるパイロットも少なくないそうだ。戦場におもむくのと変わらない過酷な任務なのである。

3章

多くの犠牲者を出した大量破壊兵器

【日本の都市を壊滅させた】焼夷弾

■東京を火の海にする

太平洋戦争末期の東京を舞台にした映画やドラマで、必ずといっていいほど印象的に描かれるシーンがある。空から〝火の雨〟が降り注ぐ東京大空襲のシーンだ。

１９４５（昭和20）年3月10日の未明、東京上空に突如として超低空飛行で現れたアメリカの大型爆撃機B－29の大群から火のついた爆弾が東京の街にばら撒かれた。その数があまりに多すぎて、まるで火の雨のように見えるのだ。

この爆弾は焼夷弾といい、地上で爆発して人や建物を吹き飛ばすタイプの爆弾とは目的が違う。

焼夷というのは「焼き払う」という意味だ。そのため、爆弾の中には火薬ではなくネバネバとした油脂が詰められている。

B-29から神戸周辺に投下される焼夷弾

東京大空襲で使われたのは、1発の親弾の中に38本のM－69油脂焼夷弾を束にしてまとめた構造になっていた。投下してしばらくすると親弾のカバーが空中分解し、中から火のついた38本の焼夷弾がバラバラと降り注いでくるのだ。空からばらまくのだから、親弾を1発落とせば広い範囲にダメージを与えることができる。

こうして300機のB－29は、木造家屋が密集した東京の下町を火の海にしたのである。

■日本を焼き尽くすための実験

この無差別爆撃攻撃が成功したのには、

アメリカ軍の周到な準備があったからだ。

新兵器開発のヒントになったのは１９２３（大正12）年に起きた関東大震災だった。関東大震災では地震直後にあちらこちらで火災が起こり、木造家屋に次々と火が燃え移って被害が拡大した。日本の一般住宅が木や紙でつくられていて、非常に燃えやすいことを知ったアメリカ軍は、日本攻撃のための兵器の開発に着手した。それが焼夷弾だった。

つまり、焼夷弾は日本の家屋を焼き尽くすために開発された兵器なのである。開発にあたって、アメリカ軍は効果を確認するために、広大な平原に実験用の木造の長屋を再現した。そこに焼夷弾を落とし、いかに効率よく燃焼できるかを繰り返し実験したのだ。

こうして周到に殺傷力を高め、東京の下町を一夜にして焼け野原にし、10万人の庶民を殺害することに成功した。そしてその後、大阪や名古屋、横浜など日本の主要都市を容赦なく攻撃したのだ。

東京大空襲では、１機のＢ－29がＭ－69油脂焼夷弾を１５２０本投下している。３月10日に東京を襲ったＢ－29は３００機。単純計算で45万本もの焼夷弾が降り注い

1945年3～4月に沖縄でまかれた「伝単」と呼ばれるビラ。アメリカ軍は空襲前にこのようなビラをまくことがあった。

だことになるのだ。

　空から落ちてきた焼夷弾は、家屋だけでなく逃げ惑う人々の頭上に落ち、背中にも突き刺さった。

　ゼリー状で粘着性のある油の炎は一瞬で激しく広がり、1000度以上の高温を保って燃え盛る。生きたまま焼かれた犠牲者の体は炭化するまで燃え続けた。

　焼きつくされた後には、人間の焼かれる臭いと焼夷弾の油の臭いが充満していたという。

【人類史上最大の破壊力を持つ】原子爆弾

■トップシークレットの軍事計画

1945年7月、アメリカのニューメキシコ州南部の砂漠で、ひそかにある実験が行われた。立ち会った人たちの証言を簡単にまとめると、こうだ。

「これまで見たことのない閃光が一直線に襲いかかり、たった2秒ほどの爆発が永遠に続くかのように感じられた。恐ろしい光景だった」——。

このとき行われたのは人類史上初の核実験、すなわち原子爆弾のテストだ。日本に2度の原爆投下が実行される、わずか1ヵ月前のことである。

「トリニティテスト」と称されたこの実験は、アメリカの核開発プロジェクト「マンハッタン計画」の成果のひとつだった。

3年の歳月と莫大な予算をかけた軍事計画で、アメリカでも大統領とごく一部の軍人、学者しか知らないトップシークレットである。

そして、この実験に至る背景には、第2次世界大戦を引き起こしたドイツとの軍事的な駆け引きがあったのだ。

広島に投下された「リトルボーイ」

■ナチスドイツとアメリカの開発競争

原子爆弾誕生のきっかけは、1938年に2人のドイツ人物理学者が、ウランの核分裂現象を発見したことにある。

これはわずかな量のウランで莫大なエネルギーを得られることを意味していたが、次世代エネルギー誕生の可能性を秘める一方、悪用すれば史上最恐の兵器にもなり得る、まさに諸刃の剣のような発見だった。

マンハッタン計画が立ち上がったのは、この3年後のことである。

ドイツ生まれのユダヤ人である天才物理学者アインシュタインらが、「ナチスが原子爆弾の開発に着手した」と、アメリカのルーズベルト大統領に情報を流したからだ。

これを受け、ルーズベルトはドイツよりも先に原子爆弾を完成させる必要に迫られた。つまり、マンハッタン計画はアインシュタインの〝警告〟によって誕生したのだ。

そして、1945年の8月には広島にウランの核分裂を利用したウラン型原子爆弾、長崎に同プルトニウム型原子爆弾が投下されたのは周知の通りだ。

これによって日本は世界で唯一の被爆国となったのである。

■長く続く後遺症と偏見

原子爆弾の恐ろしさはその破壊力だけではない。ある意味では、そのあとのほうが深刻である。すなわち、被爆による後遺症だ。

深刻な熱傷によるケロイド、脱毛などのほか、放射線障害で白血病やがんのリスクが高くなる。また、被爆した妊婦の胎児は脳や体に障害を持って生まれてきたり、すぐに絶命したりもしている。

さらに、被爆者の子どもは被爆二世、三世などと呼ばれ、周囲からの差別や偏見などにも苦しんできた。何代にもわたって苦しみが続いていく原子爆弾の発明は、まさに開けてはいけないパンドラの箱だったのだろう。

ちなみにアインシュタインは晩年、結果的に原子爆弾の開発に加担したことをひどく後悔したという。

原爆の一瞬の閃光によって長崎の壁に残された跡

【兵器と化した生物たち】生物兵器

■炭疽菌をテロに使用する

人類がどれほど進化しても、常にその脅威から逃れられないのが病である。ましてや、その病が故意にもたらされたものだとしたら、打つ手だてなどあるはずがない。

その点で、他の発明品とは異なる性質を持っているのが生物兵器だ。

生物兵器とは、細菌やウイルスといった病原菌を使用することで人に害を与える兵器のことである。

それらは、ある程度の知識と設備があれば容易につくることができるため、ほかの兵器に比べて高い致死率となる。感染力が強ければ、ひとつの町あるいは国全体が滅ぶことすらあるのだ。

自然界に存在する生物そのものは人の手によって発明されたものではないが、それを兵器として使用することを思いついたのは、まぎれもなく人間だ。

たとえば２００１年、アメリカで同時多発テロが発生した直後、大手メディアや政治家などに炭疽菌入りの封筒が送りつけられる生物テロが発生し、それによって５人の命が奪われた。

炭疽菌は現在無数にある病原微生物のうち、最初に発見された病原菌である。きわめて致死率が高いことや、どんな自然条件でも保存がきくことから、第２次世界大戦下などでは各国が生物兵器として開発していたこともわかっている。

結果としては使用されなかったが、こうした生物兵器はいつでも人類を脅かす存在であることは間違いない。そして、その種類はひとつやふたつではないのだ。

■イギリス軍が渡した毛布の秘密

生物兵器の代表格といえば、なんといっても天然痘ウイルスだろう。

古代エジプト王ラムセス５世やフランス国王ルイ15世など、歴史上の人物にもこの病の犠牲者は多く、驚異的な感染力で昔から「悪魔の病」と恐れられてきた。

そして、このウイルスは世界で最初の生物兵器でもあるのだ。

それは、1755年から始まったフレンチ・インディアン戦争でのことだ。

この戦争は、北米を舞台にイギリスとフランスが戦ったものだが、このときフランスはアメリカ原住民と同盟を組んでいた。

あるとき、イギリス軍は親切心を装って原住民たちに近づき、2枚の毛布と1枚のハンカチを支給する。すると、原住民たちの間で原因不明の病が流行り、そのうちの半分以上が死んでしまった。

じつは、イギリス軍が渡した毛布とハンカチは、天然痘病院で患者が使用していたものだった。免疫を持たない人間がウイルスつきの布を身につければ、あっという間に感染する。つまり、イギリス軍はわざと天然痘に感染させ、敵の戦力を奪う目的でそれらを渡したのだ。

また14世紀には、モンゴルでキプチャク・ハン国がペスト患者の死体を敵陣に投げ入れたという例もある。

これが意図的な感染が目的であれば、あるいはこちらが世界初の生物テロといえるかもしれない。

■天然痘ウイルスは北朝鮮にある？

ちなみに天然痘については、1796年、イギリスのエドワード・ジェンナーがワクチンを開発し、1980年にはWHO（世界保健機関）が天然痘の世界根絶宣言を行った。

これは現在、この世には天然痘ウイルスが存在しないことを意味している。

しかし一説によれば、米ソ冷戦時代に旧ソビエトが保有していた天然痘ウイルスが、北朝鮮に大量に流れたという情報もある。

もしそれが生物兵器として今なお存在していれば、将来的に北朝鮮による天然痘ウイルステロが実行されてしまう可能性も捨てきれないのだ。

国際的には、1975年に生物兵器の開発や生産、貯蔵などを禁止する「生物兵器禁止条約」が発行され、日本も1982年に批准している。

インディアンが交易で手に入れた物品を確認する様子。外部との交易経験があったインディアンは警戒をしなかったのかもしれない。

しかし、1993年にはオウム真理教が東京・亀戸の新東京総本部で炭疽菌を培養して散布しようとする事件も起こっている。実際には失敗に終わり、付近に悪臭をまき散らしただけだったが、生物兵器の恐怖は身近にも潜んでいるのである。

生物兵器は人間の悪魔的な心が生み出した、サイレントキラーである。そういう意味では、戦車や戦闘機といった破壊力のあるどんな武器よりも恐ろしい存在といえるだろう。

【空気にまぎれて攻撃する】毒ガス兵器

■発明したのはノーベル賞受賞者

フリッツ・ハーバーはアンモニア合成法の研究で、1918年にノーベル化学賞を受賞したドイツの化学者だ。アンモニア合成法は、一般市民の生活にも大いに役立つものだった。

アンモニアは空気中から窒素を取り出すことでつくられる。窒素は肥料に欠かせない原料だが、それまでは輸入した硝石を使っていた。だが、この方法によって、国内の原料で安い肥料が生産できるようになったのだ。いわゆる化学肥料の誕生である。

しかしその一方で、ハーバーはまったく別の顔も持っていた。

じつは、彼は「毒ガスの父」とも呼ばれているのである。

■人的被害を目的にした大規模作戦

1915年4月22日早朝、ベルギーのイーペルでドイツ軍と対峙していたフランス軍の塹壕に黄緑色の厚い霧がゆっくりと流れ込んできた。

霧にはツンとした刺激臭があり、目やノドに痛みを引き起こす。やがて、激しい息苦しさが襲ってきて、兵士はノドをかきむしりながらバタバタと倒れ出した。この霧はドイツ軍が放出した毒ガスだったのだ。

あわてて逃げ出した兵士をガスが次々と飲み込んでいく。前線にいたフランス兵は壊滅状態となった。このとき、攻撃に使われた毒ガス兵器を開発したのがハーバーである。膠着した戦況を打ち破る新たな一手として、毒ガスの使用を思いついたのだ。

寝食も忘れて研究に没頭した結果、彼が選んだ化学物質は塩素だった。

当時、塩素はすでに染料として使われていた。家が染料工場だったこともあり、ハーバーはその性質をよく理解していたのである。

塩素ガスは呼吸器系に障害をもたらす。吸い込む量が多ければ、わずか数分で窒息死に至るという危険な物質だ。ハーバーはこれをボンベに充填し、敵地へと流れ込ませることにしたのだ。
約2万本のボンベが塹壕に埋め込まれ、5万トン近い塩素がいっせいに放出された。
もっとも、空気中に出たガスは拡散する。そのせいで味方にも犠牲者が出た。

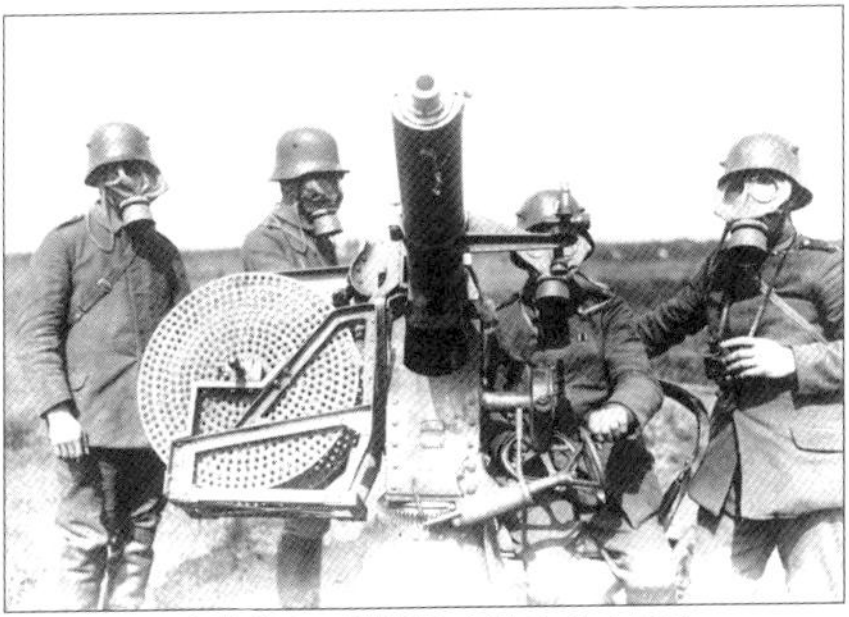
ガスマスクを装着して機関銃を操るドイツ兵

連合軍は、この攻撃による負傷者は1万5000人、死者は5000人と発表した。ただ、この数字は誇張されたもので、実際にはもっと被害は少なかったと考えられている。
これは近代初の人的被害を目的とした大規模な毒ガス作戦だった。そして、第1次世界大戦は毒ガス合戦のような状態に突入したのである。

■ガスマスクでは防ぎきれない毒ガス

毒ガス開発がエスカレートする中で、マスタードガス（イペリット）も登場した。

かすかにからしの臭いがするそれは、「毒ガスの王」と呼ばれるガス兵器だ。一説によれば、ドイツの化学者マイヤーが農薬を研究している途中でつくり出したという。

このマスタードガスを最初に使用したのもドイツだった。

マスタードガスは皮膚につくと水ぶくれができて痛みを引き起こすほか、目や肺にも障害をもたらした。つまり、ガスマスクでは防ぎ切れない毒ガスが現れたのである。

このガスは数時間経ってから症状が現れるので、対処が遅れることもある。そのうえ、回復には何週間も必要とした。

マスタードガスは世界中に広まり、現代に至るまで使われることになった。

じつは、若き日のヒトラーもマスタードガスの洗礼を受けている。連合軍の放ったガスを浴び、一時は失明の危機にさらされたのだ。また、ナチスは強制収容所での大量殺戮にチクロンBという毒ガスを使っている。これを発明したのもハーバーだ。

もともとは殺虫剤として開発されたものだったが、ナチスは人間を効率よく殺害する道具へと転用したのである。

【大量殺戮を可能にする】サリン

■6300人の負傷者を出した事件

戦争やテロで暗躍するような兵器の中には、一般の人であれば見聞きすることはおろか、その存在すら知らずに終わるものもある。

1990年代にオウム真理教が引き起こしたテロ事件で、一躍その名が知れ渡ったサリンなども、当時はほとんどの人が初耳だったに違いない。

なかでも衝撃的だったのは、1995年の地下鉄サリン事件である。

オウム真理教の信者数名が袋詰めにした液体のサリンを隠し持って、朝の地下鉄の複数路線に乗り込み、傘でサリンが入った袋に穴を開けて下車した。車内やホームでは乗客が次々と倒れ、ラッシュ時の都内は大パニックに陥ったのである。

サリン中毒による負傷者は6300人にものぼり、13人が命を落とした。その中には、サリンの正体に気づかず不審物を撤去しようとした駅員も含まれていたのだ。

神経ガスの一種であるサリンは、きわめて高い毒性を持つ有機リン系の化合物である。致死量は体重1キログラムに対し、わずか0・01ミリグラム。濃度にもよるが、早ければ分単位、遅くとも1〜2時間後には死に至るという史上最悪の化学兵器のひとつなのである。

■ナチスドイツが大量生産する

20世紀初頭、化学兵器は国連によって戦争での使用が禁じられていた。というのも、第1次世界大戦で催涙ガスやホスゲン、マスタードガスといった化学兵器が、各国で甚大な被害を及ぼしたからである。

ところが、その条約は生産や保有までは禁じてはいなかった。

そんななか、サリンの恐ろしい毒性に着目したのは、ヒトラー政権下のナチスだった。

1930年代半ば、ある化学者が研究中にわずか1滴で呼吸困難に陥るというタブンという物質を発見する。

それを聞きつけたドイツ陸軍省がその人物をナチスに招き、さらに強力な毒物を開発するよう命じた。そして開発者４人の名前から名づけられたサリンが完成したのである。

サリンはエステラーゼという、人間の神経活動を円滑にしている酵素を阻害する物質を持っている。

体内に入るとよだれが止まらなくなり、やがては視覚障害、呼吸障害、けいれんを起こし、最後には呼吸停止に陥る。

基本的にガスマスクも効果がない。たとえば、東京でサリンを7トン散布すれば、わずか4分で山手線の内側が死の街と化す。

その殺人ガスをナチスは秘密裏に生産し続け、第2次世界大戦時には、なんと７０００トンものストックを有していたのだ。

オウム真理教のサリン製造工場を鳥かごを持って捜索する捜査員（写真提供：時事）

■ヒトラーはサリンを使わなかった

ところが、結果的にナチスはサリンを使用することはなかった。

もちろん、それはヒトラーが使用を命じなかったからなのだが、その理由はいまひとつ定かではない。ヒトラー自身が第1次世界大戦で神経ガスの被害に遭い、あやうく失明しかけたため使用をためらったという話もあるし、サリンで他国を攻撃すれば、同じように神経ガスで報復を受けると予測したからだともいわれる。

また、単純に原料が入手しづらくなり製造が追いつかなかったなど、さまざまな説があったが、真相は不明だ。

現在は化学兵器禁止条約にて開発、生産、貯蔵、使用まですべてが禁じられている。とはいえ、日本でもオウム真理教が山梨県に大規模なサリン製造プラントを建てていたことはあまりにも有名なうえ、海外でもシリア内戦におけるサリンの使用を国連が断定したことは記憶に新しい。また、北朝鮮など化学兵器禁止条約未締結の国もいくつかある。

この世から化学兵器の脅威が完全になくなるにはまだ時間がかかりそうだ。

4章　じつは危険な発明

【無実の罪をつくる恐れのある】ウソ発見器

■盗難事件で犯人を見つけ出す

人間はウソをつく。

だが、口では何とでも言えたとしても、体はさまざまな反応を見せる。血圧や心拍数が上がる、手のひらに汗をかくというような肉体的反応を測定して、ウソを暴こうとするのがウソ発見器である。

はじめてウソ発見器を発明したのは、カリフォルニア州バークレー市警のジョン・ラーソンだ。ラーソンは、アメリカ初の博士号を持つ警官で、専門は生理学だった。あるとき、彼はある心理学者の論文を読み、人がウソをついたときに現れる体の変化を読み取る装置をつくろうと思い立った。これがウソ発見器の第1号である。

最初に捜査に使われたのは発明から間もない1921年の春、バークレーにあるカ

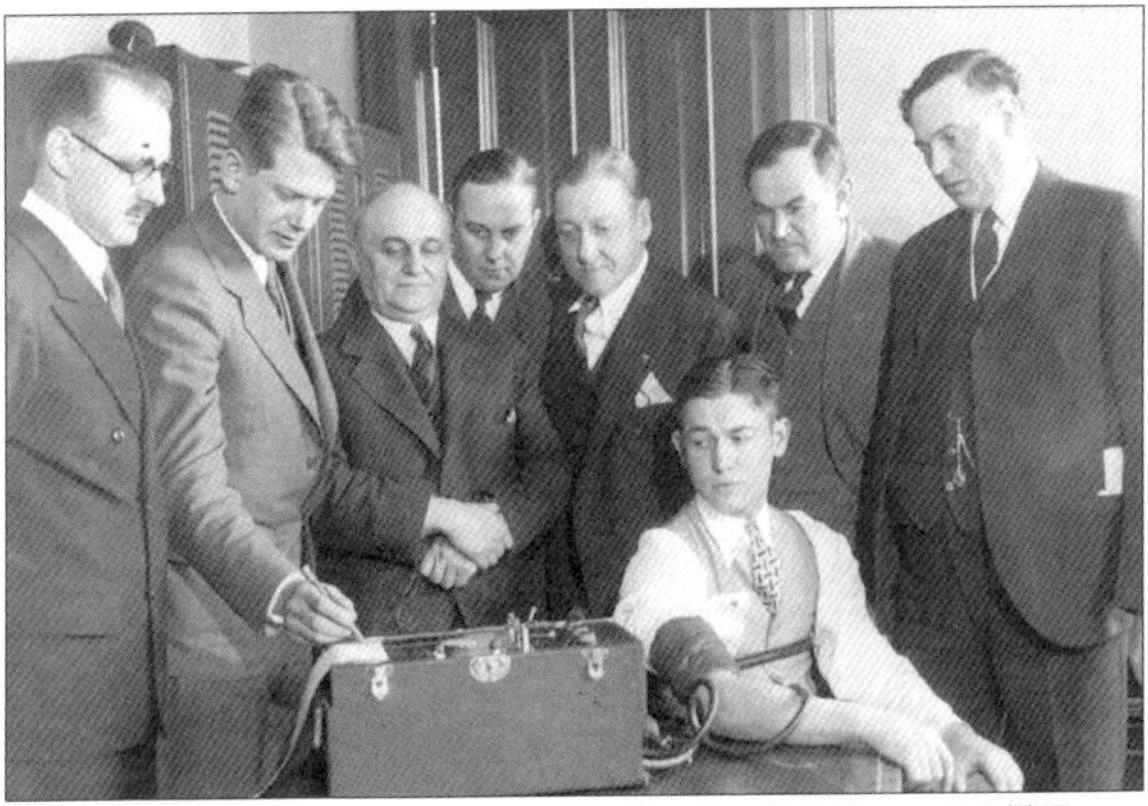
キーラー（左から２人め）が法廷で容疑者をウソ発見器にかける様子

レッジホールという女子寮での盗難事件だった。

カリフォルニア大学に通う良家の娘が生活していた寮の部屋から、現金や宝石がなくなる事件が起きたのだ。

そこで寮母から捜査が依頼され、ラーソンはさっそくウソ発見器を使う機会を得る。

ラーソンは2人の被害者と3人の容疑者を1人ずつ大学の研究室に招き入れ、血圧計や呼吸の深さを測るためのゴムを体に取りつけた。

そして、「イエス」「ノー」で答えられる18の質問を投げかけると、1人の女子学生の呼吸や血圧が大きく変化した。その結果をもとにラーソンは尋問を行い、彼女の自白を引き出したのだ。

■罪を犯していなくても自白してしまう

この〝カレッジホール事件〟に強く興味を示した人物がいた。バークレー市警の警察署長だったオーガスト・ヴォルマーだ。

第2次世界大戦で経済発展をなし遂げたアメリカは、他の国からはユートピアに見えたかもしれない。だが、当時のアメリカの治安は最悪だった。街には暴力犯罪がはびこり、警察官は平気で市民を暴力的な尋問にかけるただのならず者でしかなかったのだ。

そんな警察官のモラルを変えたいと望んでいたヴォルマーは、ウソ発見器を捜査に使うことを許可した。

その後、ウソ発見器はラーソンとこの装置に魅せられたレナード・キーラーという若者によって改良が重ねられていく。

だが、ラーソンはまもなくこのウソ発見器が悪魔的な装置であることに気づいてしまう。この装置につながれると人々は動揺し、実際には罪を犯していない者でも自白してしまう。正直者とウソつきを見分ける機械だと思われていたウソ発見器は、精神的に被疑者をとことんまで追い詰める単なる尋問の道具だったのだ。

■信ぴょう性には疑問符がつく

とんでもない怪物を発明してしまったことに心を悩ませるラーソンを横目に、キーラーは尋問技術を磨いた。

そして、それまでよりもさらに信頼性が高く小型化したウソ発見器を開発して特許を取得しようと考えるようになる。

1940年代になると、キーラーは魔法のウソ発見器「キーラー・ポリグラフ」の発明者として名声を得ていた。

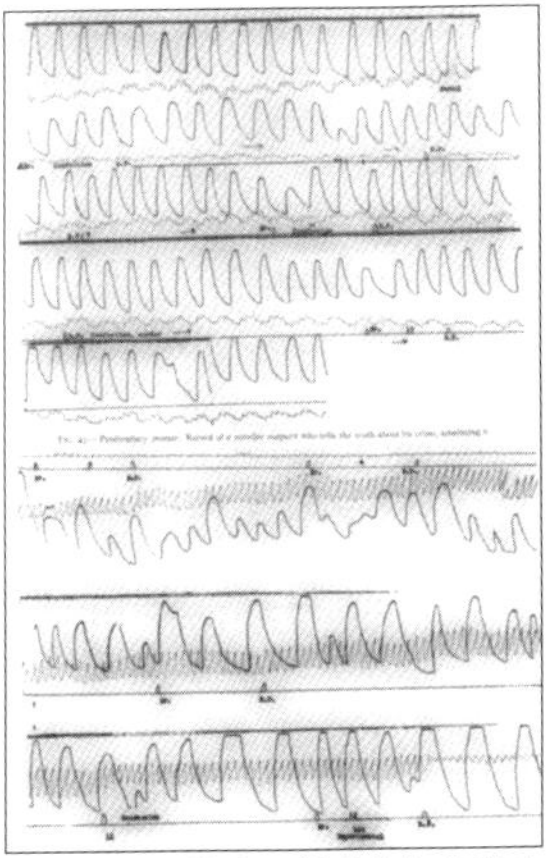

ラーソンの著書に掲載された殺人犯の検査記録

ある核実験施設ではスパイ捜しのために1万8000人の従業員が定期的にキーラー・ポリグラフにかけられており、また同性愛者の狩り出しなどにも使われた。

アメリカでもっともウソ発見器が使われた1980年代には、年間200万人がこの装置にかけられている。

しかし、生体反応に頼ってウソか真実かを判断することには、冤罪を生み出してしまう危険性がある。ウソ発見器の結果は果たして正しいのかどうかは、現在もわかっていないのだ。

そんなあいまいな装置でありながらも、アメリカでは容疑者の尋問や機密保持、テロとの戦いなどに現在も利用されている。

【脳の一部を切り取る】ロボトミー手術

■ノーベル賞の剥奪を訴えられる医師

ノーベル賞受賞者といえば、世界的な権威として人々の賞賛を受ける立場にあると考える人は多いだろう。実際、受賞者たちはそれぞれの専門分野で尊敬を受けるにふさわしい、輝かしい業績を残している。

しかし、受賞者の中には一部の人々から賞の剥奪を訴えられている人物がいる。ポルトガル出身の医師エガス・モニスだ。

彼は1949年にノーベル生理学・医学賞を受賞し、1955年に故人となっている。日進月歩で技術が進歩する医学の世界では、いわば〝過去の人〟といってもいいほどの時間がたっている。

にもかかわらず、いまだに賞の剥奪を望む声があるのはなぜか。

それは、彼が発明した外科手術が多くの犠牲者を生んだ悪魔的行為だとされているからだ。

その外科手術とは「ロボトミー」と呼ばれるものである。

1935年、アメリカで2人の研究者がチンパンジーの前頭葉を切除する手術を行ったところ、チンパンジーの神経症が克服され性格が穏やかになった。モニスはこの結果を受けて、精神障害と前頭葉内の神経細胞の関連性に基づき、ヒトの前頭葉切裁術を考案した。

前頭葉とは、その名の通り脳の前方にある部分で、「脳の司令塔」とも呼ばれる非常に重要な役割を持っている。19世紀には、その破壊が性格の変化につながることも解明されていた。

つまり彼は、精神障害を治療するために頭部を切り開いて、脳の一部を摘出する方法を考え出したのだ。

当時は精神疾患の決定的な治療法がなかったため、この新しい〝発明〟は画期的な技術として一躍脚光を浴びたのだった。

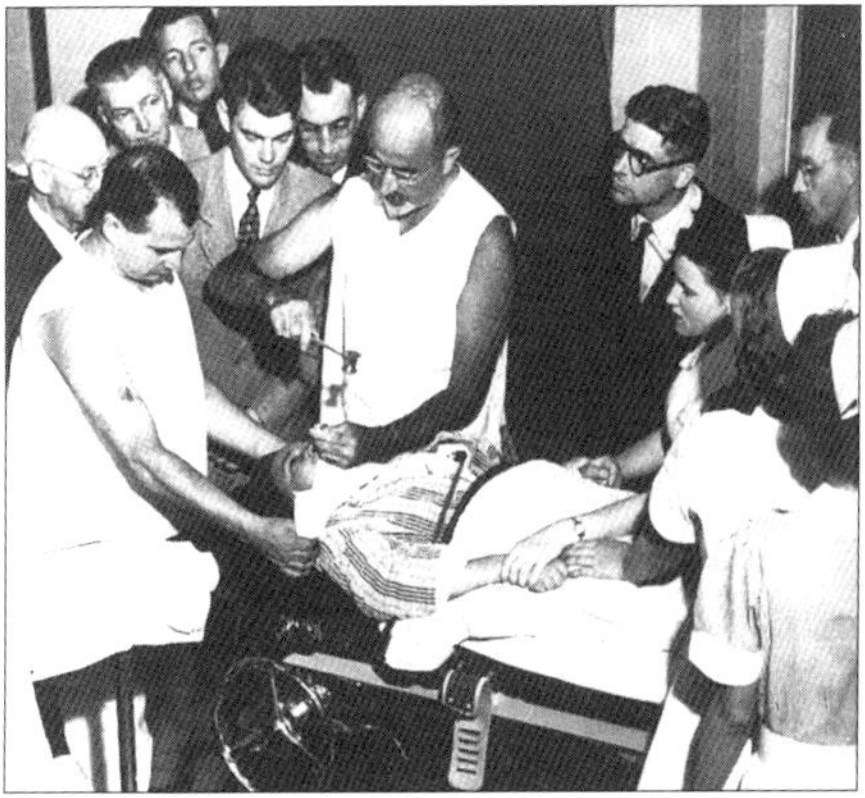
小槌でアイスピックを患者の眼窩に打ち込むフリーマン博士

■手術の後に現れたさまざまな症状

初期のロボトミーは、頭蓋骨にドリルで穴を開け、長いメスを差し込み前頭葉の神経繊維を切断するという手法だった。

この成果が世界に発表されると、他の医師がこれを応用するようになる。

アメリカではウォルター・フリーマン博士が、うつ病患者らにロボトミーを施したが、そのやり方は麻酔をかけた状態で眼球とまぶたの間から小槌でアイスピックを打ち込み、それを動かしながら前頭葉を切除するという驚くべきものだった。

しかし、ロボトミーはまたたく間に世界に広がり、当時の医学界を席巻した。そして1949年、モニスはその功績を称えられノーベル賞を受賞したのである。

ところが、ロボトミーを受けた患者の間ではさまざまな症状が現れ始めていた。精神障害や感情鈍麻、意欲低下、てんかんなど、その多くは脳にメスを入れたことが原因だと疑いたくなるような障害ばかりだった。

現在もモニスのノーベル賞剥奪を訴えているのは、ロボトミーにより廃人と化した患者の家族たちなのだ。

■手術を受けた人が医師を殺す

ロボトミーの影響は手術室の中だけにとどまらない。

日本では1979年に「ロボトミー殺人事件」と呼ばれる事件が起きている。

これは、精神障害で入院している間に勝手にロボトミーを施された患者が復讐をくわだてて医師の自宅に押し入り、医師の妻と母を殺害したという事件だ。

犯人は入院中、ロボトミーを受けた1ヵ月後に首を吊って自殺した患者を目の当たりにしていたため、断固として手術を拒否していた。にもかかわらず、病院が騙しうちのように施術をしたという。

裁判は長期に及んだが、1996年に犯人には責任能力ありとみなされ、無期懲役の判決が下されている。

今は日本からも世界からもロボトミーは姿を消したが、過去の施術数は全世界で数千とも数万ともいわれている。そして、当時は画期的だと賞賛されていたロボトミーは、野蛮で残酷な「悪魔の手術」としてその名を残すことになってしまったのである。

エガス・モニス

【なぜ効くのか解明されていない】麻酔

■激痛に耐えなければならなかった治療

手術や抜歯を行うときには麻酔が使われる。そのおかげでわれわれは痛みを感じることなく、治療を受けられる。

では、麻酔が存在しなかった時代には外科的な治療がなかったかというと、そうではない。とにかく患者に痛みを我慢させて治療したのだ。

あまりの激痛に耐え切れず、ときにはショック死してしまう者もいた。あるいは、患者を殴って気絶させ、その間に処置するという荒っぽい方法がとられたこともあるらしい。

そんな患者の苦痛を取り除く麻酔が開発されたのは19世紀のことである。2人のアメリカ人歯科医がそのパイオニアとなった。

■悲劇の末路をたどった発明者たち

まず、ホーレス・ウェルズが亜酸化窒素、いわゆる笑気ガスに目をつけた。

といっても、笑気ガスは医薬品ではなく、ショーやパーティで使われていた、吸い込めば陽気な気分になれるという娯楽グッズの一種だったのだ。

あるとき、ウェルズはショーを見に行った。すると、友人が足をぶつけてひざから血を流しているのに、まったく痛くないといって笑っている。そこから、笑気ガスには痛みを軽減させる効果があるのではないかとひらめいたのだ。

まず、ウェルズみずからが笑気ガスを使った抜歯の実験台になった。それがまっ

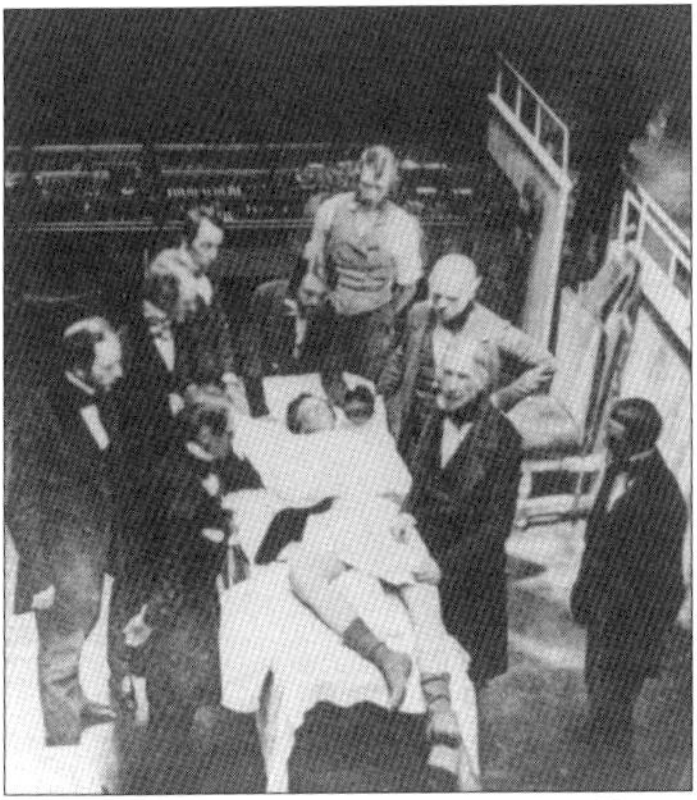

エーテルを使った手術を再現した際の様子

たく痛みを感じずに成功したことを受けて、彼は笑気ガスを使って患者の抜歯を始める。どの患者も痛みを訴えることはなく、結果は上々だった。

笑気ガスの麻酔効果に自信を持ったウェルズは、抜歯の公開実験を行うことにした。ところが、1845年にマサチューセッツ総合病院で行われた公開実験で、患者が悲鳴を上げてしまったのである。

今日では痛みのせいではなかったと推測されているのだが、実験はあえなく失敗に終わった。

これを引き継ぐような形で現れたのが、ウィリアム・モートンである。

モートンは化学者のトーマス・ジャクソンに助言をもらい、笑気ガスではなく鎮痛作用があるエーテルを試してみることにした。エーテルを使った抜歯が成功したため、彼はこれを外科手術に応用できないかと考えた。

そして、1846年に同じ会場で外科の公開実験が行われることになる。執刀したのはハーバード大学の教授ジョン・ウォレンだ。

エーテル麻酔での手術はみごとに成功し、これが麻酔薬のはじまりとなった。

さらに、翌年にはイギリス人医師のジェイムズ・シンプソンが、クロロフォルムの麻酔効果を発見した。

なお、ウェルズとモートンには後日談がある。

シンプソンによる実験の様子。麻酔の実験は危険をともない、ときには人体に障害が残ることもあった。

公開実験に失敗したウェルズは詐欺師呼ばわりされて歯科医も廃業し、自殺してしまう。

一方、成功を収めたモートンも、エーテル麻酔の特許をめぐる訴訟で財産を失い、最後は精神に異常をきたしたといわれている。

偉大なパイオニアだったはずの2人は、同じように悲劇の末路をたどったのである。

1万例に1人副作用が起きている

これが麻酔の発明過程なのだが、日本ではそれより40年も前に麻酔による手術が行われている。

江戸時代の医師・華岡青洲が「通仙散」という

麻酔薬を開発していたのである。

ただし、これはかなり毒性の強い植物を主成分としていた。そのため、実験台になった妻は副作用で目が見えなくなってしまった。

もちろん、現代ではもっと安全性の高い麻酔が使われている。何種類かの薬剤を併用したり、筋弛緩薬などを補助的に使用することで、麻酔薬が臓器に与えるダメージを減らすこともできる。したがって、副作用はまったくないと安心している人も多いだろう。

だが、じつは1万例に1人程度の割合で、吐き気や頭痛、発熱などの副作用が起きているのである。ごくわずかだとはいえ、死に至る患者もいるのだ。

それに、麻酔が神経を麻痺させるということはわかっているものの、どのように身体に作用しているのかは解明されていない。麻酔はいまだに多くの謎を秘めているのである。

【人体への影響が大きい電波を出す】電子レンジ

■軍事用レーダーの開発中に発明される

料理の温め直しや冷凍食品の解凍などで、今や多くの家庭で日常的に活用されている電子レンジだが、この使い慣れた生活家電が兵器の開発過程で発明されたと聞いたら驚く人も多いだろう。

だが、電子レンジが生まれるきっかけとなったのは、第2次世界大戦中、軍事用レーダーシステムを開発していた最中なのだ。

当時、ナチス率いるドイツから猛攻を受けていたイギリスは、敵機を探知するためのレーダー装置の開発研究をアメリカのレイセオン社に依頼していた。そのレイセオン社の技術者だったパーシー・スペンサーが、ある偶然の出来事をきっかけに電子レンジのアイデアを思いついたのである。

その日、彼はマグネトロンという電子管の近くに立っていた。

マグネトロンはマイクロ波をつくり出す装置で、レーダー装置の中枢部に不可欠なものだが、ふと気がつくとスペンサーのポケットに入っていたチョコレートが溶けて柔らかくなっている。

スペンサーは、これをマイクロ波の影響ではないかと直感した。そこで、ポップコーンの原料を用意してマグネトロンの近くに置いてみたところ、ポップコーンは見事に次々と弾けて研究室中に飛び散ったのだ。

このことからレイセオン社は電子レンジの開発に取り組み、1946年、最初の電子レンジが誕生する。

■戦争中に計画されていた「殺人光線」

ところで、電子レンジはマイクロ波を照射し、物質内の水分子を振動させて摩擦熱によって加熱するのだが、第2次世界大戦当時、いくつかの国では、この電子レンジの原理を利用して殺人兵器をつくる計画が持ち上がっていた。

たとえば、当時の日本軍は、「殺人光線」「怪力線」などとも呼んでいたマイクロ波を使って「Z兵器」という兵器の開発を試みていたといわれている。

これは超高出力のマグネトロンによってマイクロ波を集中的に照射し、飛来してきた敵機を墜落させたり敵兵を殺傷しようというものである。

結局、終戦のためにこの殺人兵器は日の目を見ずに終わっている。しかも、マイクロ波は金属に跳ね返されるという兵器に利用するには致命的な欠点があったため、Z兵器が完成しても敵機の襲撃は難しかったに違いない。

マイクロ波をつくり出すマグネトロン

■レンジが放出するマイクロ波の危険性

現在の電子レンジはもちろん殺人兵器ではないものの、人体に有害な可能性があるという点では注意が必要だといえる。

というのも、生活家電の中でも、電子レンジで使っているマイクロ波は人体への影響が強いのではないかと懸念されているからだ。

たとえば、がんの発生率上昇との因果関係が指摘されるが、今のところ科学的根拠は認められず、はっきりしたことはわかっていない。

もちろん、現在の電子レンジは安全に使える基準内でつくられている。

電子レンジの扉に黒い網状の金属が張られているのも安全のためで、マイクロ波が金属に反射する性質を利用して外部に漏れないように工夫してあるのだ。

しかし、電子レンジが製造された当初は、マイクロ波の遮蔽が不十分で、漏れ出たマイクロ波を長期間浴びた影響で白内障が増えたともいわれる。１９７０年代には、人体への影響を心配したロシアが電子レンジの使用を禁止にしたほどである。

このことは１９９０年代の初めになってようやく解除されているので、それまでは安全性の確認がなかなか取れなかったのかもしれない。

それほど気にすることはないが、家庭の身近なところにマイクロ波という目に見えない脅威が潜んでいることも事実なのだ。

【意外なところで海中の命を奪う】ソナー

■タイタニック号の事故から始まった開発

「必要は発明の母」ということわざがあるが、何かが生み出されるとき、そこには当然ニーズというものがある。

そういう意味では、水中探査に欠かせないソナーもまた、ある歴史的な事故をきっかけに誕生している。

それは、タイタニック号の沈没事故である。

1912年、豪華客船タイタニック号はイギリスからニューヨークへ向かって出航したが、北大西洋で氷山に衝突して沈没した。この事故による犠牲者は乗員乗客1500人以上、後にも先にもこれほど大きな海難事故は例がない。

当時、海域一帯は視界不良で、直前まで乗組員が氷山の存在に気づかなかったことが原因とされた。この大事故で開発が始まったのが、氷山を発見する探知機だったのである。

そして、フランスの物理学者ポール・ランジュバンが、超音波を使った装置を発明し、「sound navigation and ranging」の頭文字をとって「ソナー（ＳＯＮＡＲ）」と名づけられた。

ソナーとは、音波探知機のことで、電波を利用して対象物を探知するレーダーとは異なり、水中では低速で伝搬するという超音波の特性を活かし、利用するのが特徴だ。

もちろん、氷山だけでなく魚の群れなども探知できるため、漁業の分野でも画期的な装置として今や必要不可欠な存在である。しかし、この安全を確保するために開発された装置は、以後さまざまな弊害をもたらしていくのである。

■敵潜水艦を見つけるための機械になる

当初は事故防止を目的として開発されたソナーだが、軍事面で大いに期待されるようになった。

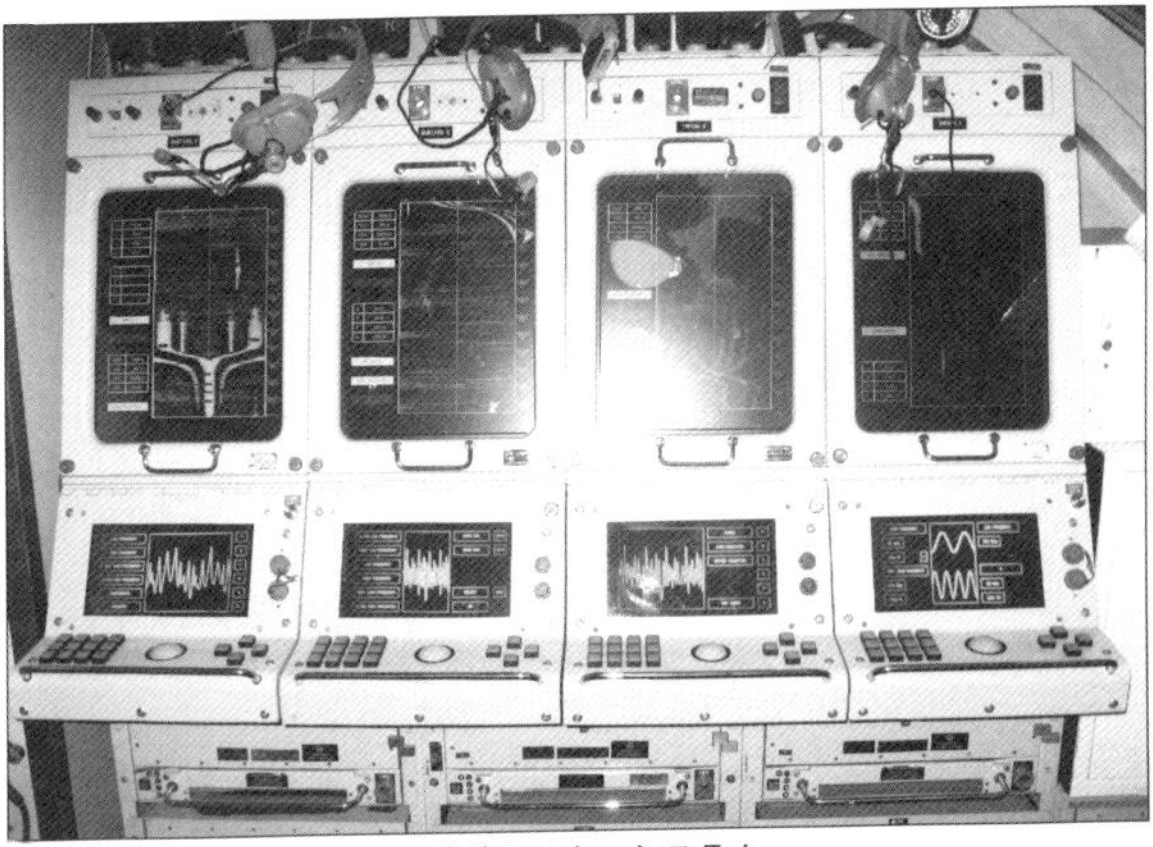
カナダ海軍の潜水艦オノンダガのソナーシステム

第1次世界大戦では早くも潜水艦探査機として開発され、続く第2次世界大戦では連合軍がドイツの潜水艦「Uボート」を発見する目的で高性能なソナーをつくり出した。

Uボートは海戦が弱点だったドイツが誇る潜水艦の総称で、第1次世界大戦から他国に脅威を与える存在だった。

しかし、ソナーが開発されてからはその破竹の勢いも止まり、次々と撃破された。

敵国のソナーに悟られまいと、閉鎖的な潜水艦の中で乗組員が息をひそめる姿は、当時の様子を描いた映画『U・ボート』にも登場する。

その後も、潜水艦とソナーは技術競争を繰り広げ、潜水艦はより静かなスクリュー音を追求し、ソナーはより小さな音でも探知できるようになった。

とりわけソナーのほうは、軍事用はもちろん魚群探知の分野など用途を拡大するうちに、きわめて高機能なものへと変貌していったのだ。

■イルカやクジラの大量死を発生させる

ところが、こうしてソナーが進化する一方、海の中では思わぬ問題が発生していることをご存じだろうか。

ときどき、イルカやクジラが原因不明の座礁で動けなくなるというニュースが聞こえてくるが、じつは、この原因として軍事用あるいは漁船につけられたソナーの存在が取りざたされているのである。

じつは、クジラやイルカは超音波を駆使して海中を移動している。

そこへ低周波の軍事用ソナーが発せられると、彼らの脳システムにエラーが生じてしまい、方向感覚がわからなくなるというのだ。

イルカやクジラは一度座礁してしまうと自力で脱出することができず、そのまま死ぬことが多い。

２０１３年９月には、高感度のソナーを使用した軍事訓練の影響で、３５０頭近いクジラとイルカの大量死があったことをアメリカ海軍が認め、世界的なニュースになったばかりだ。

動物や自然が人間同士の争いの犠牲になるのは今に始まったことではないが、この問題については、アメリカのみならず世界が考えるべき課題といえるだろう。

【悪事をかき消す静かな凶器】サイレンサー

■殺人などに好都合な装置

２０１３年の12月、京都で不可解な殺人事件が起きた。全国展開する中華料理チェーン「餃子の王将」の社長が本社の前で射殺されていたのだ。

死亡推定時刻はまだ周りが静まり返っている午前６時だった。にもかかわらず、近所の住民は発砲音を聞いていない。

おそらく犯人は、サイレンサーで銃声を消したものと考えられている。

このサイレンサーは、００７などのスパイ映画でおなじみの銃の減音器だ。「ブシュッ」というわずかな音をたてて、誰にも気づかれずにターゲットを死に至らしめることができるのだ。

――サイレンサーを取りつけた銃は、映画ではこのように描かれることが多い。

さまざまな形状の銃身につけられたサイレンサー

銃で犯罪を起こそうとする者にとって、なんといってもネックになるのは鋭い銃声だ。

銃声が第三者の耳に入れば、ただちに通報されかねないし、何よりも揺るぎない証拠になる。

実行犯にとって、この減音効果の高いサイレンサーはさまざまな意味で好都合な装置なのである。

■各国で開発が進む

サイレンサーが発明されたのは第1次世界大戦前のアメリカだ。

機関銃の生みの親であるハイラム・ス

ティーブンス・マキシムの息子のハイラム・パーシー・マキシムが、発射音を抑える装置として考え出したのが「マキシムサイレンサー」だ。

彼がなぜ、このような装置を開発したのか、その使用目的は当時もあまりはっきりとしていなかったようだ。

ただ、銃を発砲したときには、ジェット戦闘機が通過するのと同じくらいの爆音が耳を襲う。そこで、射撃手の聴覚を保護したり、周囲に騒音をまき散らさないためにつくられたといわれている。

銃身の先に取りつけて使うマキシムサイレンサーは、円筒の内部の空間が壁で区切られている。

そこに発射音が乱反射することによって音が打ち消され、爆発音を弱めるというしくみになっているのだ。

だが、もともとの爆発音がそれほど大きくない小型の22口径銃くらいならある程度の音を消すことができても、それ以上威力があるものになるとあまり効果はない。映画の効果音のようにはいかなかったのが現実だったようだ。

しかし、その後もイギリス、ソ連、ドイツなどがこの装置に目をつけ、各国の銃器メー

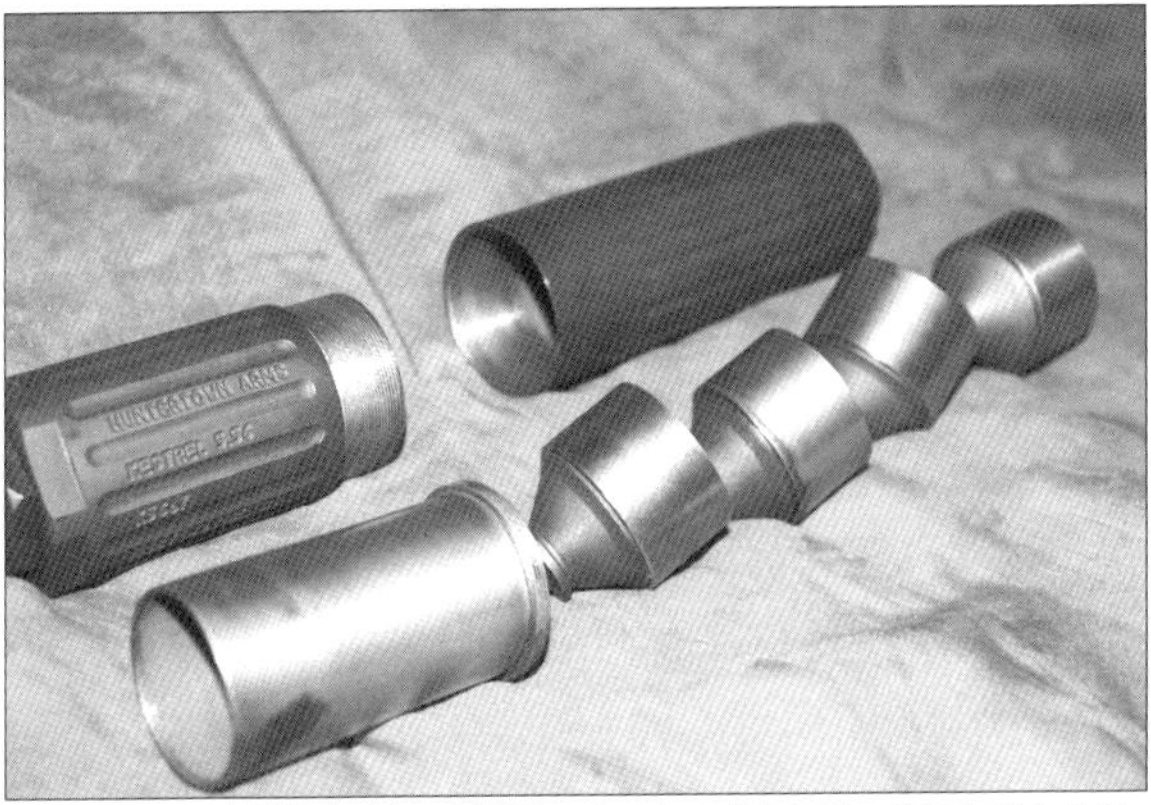

サイレンサーを解体すると、空間がいくつもつくられていることがわかる。

カーが新たなタイプのサイレンサーを考案していく。

たとえばイギリスは、銃口だけでなく銃身ジャケットを包む長いサイレンサーをつけ発射音を大幅に抑えた。

また、銃本体の気密性を高めて消音効率を上げるなどの工夫もされている。

■スパイ活動などで活躍する

また、第2次世界大戦ではかなり改良されたサイレンサーが各国で使われていた。

とくに、スパイ大国だったソ連では懸命の開発が進められ、ライフル用のサイレンサーを完成させている。

さらに、これを小型化してソ連軍が制式採用したトカレフやマカロフといった自動拳銃用の減音器もつくり、ドイツ軍へのスパイ活動などで大いに活躍した。

一方、その当時、世界一の科学技術力を誇っていたドイツは、それほどサイレンサー開発を重視していなかった。

だが、度重なるソ連のスパイ活動に危機感をつのらせた軍は、ソ連のサイレンサーを入手してコピーしたという。ドイツの警察の秘密工作員の必需品にもなった。

こうして各国は密やかに後方での戦いを繰り広げたのだ。

そして現在、銃社会のアメリカでは悪用の危険性があるため、民間人は簡単にはサイレンサーを所持できないようになっている。

5章　新たな危機を生む発明

【アメリカが握る位置情報測定装置】GPS

■監視社会の到来か？

女性を強姦した罪で逮捕された男が服役を終えて出所した。男は更生と社会復帰を望むが、そこには新たに制定された法律が立ちふさがる。元性犯罪者の身体には、常に位置情報を監視できるチップが埋め込まれることになった……。

これは、2010年に公開された日本映画『ｓｃｏｐｅ』のストーリーである。

だが、あながち架空の物語というわけでもない。現実世界でも国によってはこのような取り組みはすでに始まっているのだ。

その主役として活躍しているのがGPSシステムである。

GPSとは、グローバル・ポジショニング・システムの略で、日本語では「全地球測位システム」などと訳される。特定の波長のマイクロ波を送る人工衛星を利用して位置情報を割り出すというもので、アメリカが開発・運用している。
それまで別々にGPSの可能性を模索していたアメリカの海軍と空軍が、タッグを組んだのが1973年。実験用の衛星の打ち上げは、そこからさらに5年後のことだった。

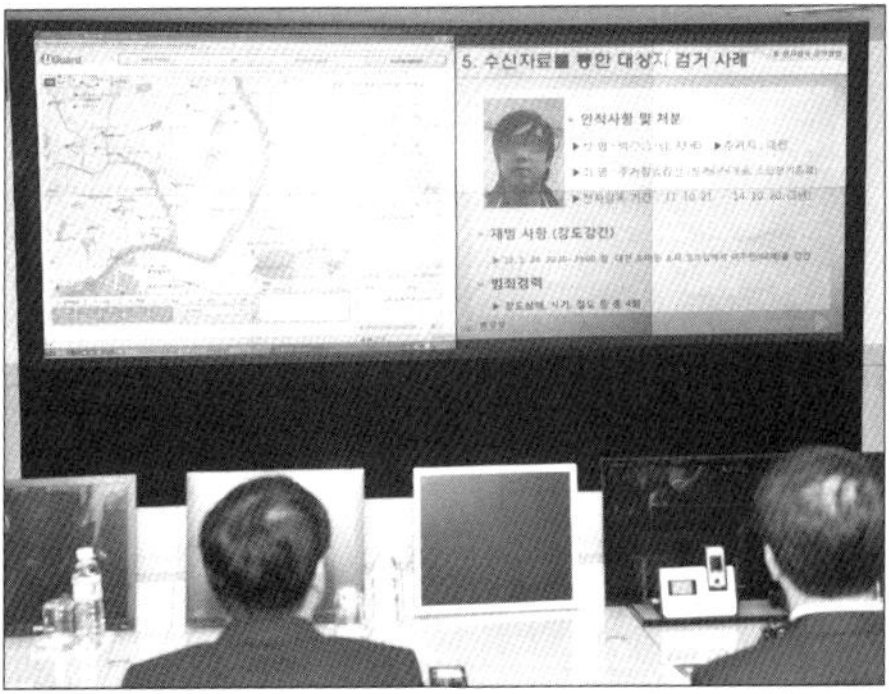

韓国の性犯罪者は GPS を利用した電子装置で監視されている。（写真提供 :AFP =時事）

当初、GPSの実用衛星はスペースシャトルで打ち上げる計画だったが、1986年のチャレンジャー号の打ち上げ失敗で予定は大幅に狂った。

そして、デルタロケットによる実用衛星の打ち上げなどを経て、ようやく運用にこぎつけたのが1993年のことである。

我々がカーナビやスマートフォンで位置情報を得られるのも、このシステムのおかげだが、一方で監視社会化を加速させる一因にもなっているのである。

■武器を目標地点に誘導するための装置

そもそもGPSは軍事用に開発されたものだが、それまで似たような役割を果たしていたのは航空カメラ（空中カメラ）だった。

1858年にフランスの写真家ナダールが気球に乗って空から地面を撮影したのがはじまりで、2度の大戦など戦時には偵察目的の航空写真が一般的になった。

とくに第2次世界大戦中、イギリスとアメリカの連合軍はドイツのミサイルの発射基地を発見するなど、大きな役割を果たしている。じつはロシアや中国、ヨーロッパなどもGPSと同じようなシステムの構築に着手している。

しかし、いずれも開発はとん挫しており、実現化には至っていないのが現状だ。そして、その進化系として誕生したGPSは武器としても機能した。それはGPS機能を搭載して目標地点に投下する誘導兵器だ。

まずGPSで座標を特定する。それをコンピューターにデータ入力すると、そのデータが兵器に搭載されたマイクロコンピューターへとダウンロードされ、そのまま爆弾を誘導するのである。

これなら暗闇でも敵に命中させることは容易だし、誤差は数十メートルの範囲だ。

２００１年のアフガニスタン紛争で本格的に使用されたが、アメリカでは以後も積極的に導入したとみられている。

■アメリカ軍次第で利用できなくなる

もちろん、この独占状態にリスクがないわけではない。

ＧＰＳの電波は常にアメリカの管理下にあるため、国家間の事情によっては故意に止めることもできる。つまり経済制裁ならぬ、電波制裁のようなことが起こらないとも限らないのだ。

実際、コソボ紛争では旧ユーゴスラビア地域でＧＰＳの精度が急激にダウンし、ヨーロッパの航空網にダメージを与えたことがある。これは、アメリカ軍が一般向けの電波を制限したからだ。

アメリカは民間用のＧＰＳについては無料開放しているため、現在は各国ともがそれに依存しきっている。

そんなアメリカへの依存状態を解消するべく開発が進められているのが、米国のGPSとの互換性がある日本の衛星測位システム「みちびき」である。

2010年度に初号機が打ち上げられ、2017年度には2、3、4号機が打ち上げられ順次サービスを開始している。

すべて順調に行けば、アジア・オセアニア地区の高精度の位置情報測位ができるようになる。2023年には7機体制を目指しており、日本やその周辺国での利用拡大が見込まれているのである。

【敵の侵入経路にもなる】インターネット

■米ソの冷戦から生まれたインターネット

SNSやインターネットショッピングなど、現代の生活にインターネットは欠かせない存在となっているが、そのルーツは20世紀半ばの米ソ冷戦にある。

1957年、旧ソ連が世界初の人工衛星スプートニクを打ち上げた。ソ連との冷戦下にあったアメリカはこれに大きな衝撃を受け、敵に後れをとるまいと「DARPA（国防高等研究計画局）」という組織を発足した。

その直後、アメリカで電話中継基地が爆破されるという事件が起こった。当時の主な通信手段は電話であり、そのネットワークは物理的な攻撃によって簡単にマヒしてしまうということが浮き彫りになったのだ。

そこでDARPAは、仮に核兵器による攻撃を受けても生き残ることができるネットワークシステムの開発に力を注いだのである。

「ARPANET」と名付けられたこのネットワークシステムこそが、現在のインターネットの起源だ。冷戦下で開発されたこのシステムは、当然のことながら当初はアメリカ軍とごく限られた一部の研究者しか触れることができない、トップシークレットの存在だった。

■日本での普及の契機は阪神淡路大震災

インターネットが民間で利用できるようになったのは1990年代に入ってからのことだ。日本でも、1995年の阪神淡路大震災の際に国内外のボランティアがパソコン通信を通じて繋がったことをきっかけに、インターネットが一般の人々に普及し始め、Windows 95の発売で、利用者は急増した。その年の新語・流行語大賞には「インターネット」がトップテン入りを果たしている。

その後急速に普及したインターネットは、もはや生活の一部となっているが、一方でその危険性も枚挙にいとまがない。しかも生活に密着しているがゆえに、その脅威は誰にでも襲いかかる可能性があるのだ。

■ハッキングやサイバー攻撃が生活を脅かす

インターネット上の犯罪を語るうえで欠かせないのがバックドアの存在だ。

バックドアとは、システムの改変やデータのコピーなどを行うハッキングなどの犯罪に使われる侵入口のことだ。

ハッキングを行うハッカーたちはさまざまな手段でコンピューターに侵入するのだが、バックドアとはその名の通り「裏口」のことで、システムの穴を狙って潜り込む場合と、マルウェアなどに仕込まれたウイルスを使ってシステムに裏口を作る場合がある。

パケット通信に必要なスイッチング操作を行う「IMP」の第1号機

バックドアが開いてしまえば、ハッカーたちはやりたい放題である。標的のパソコンがインターネットに接続していればその中にいつでも侵入できるし、データも自由に改変したり盗んだりすることができるのだ。

また北朝鮮では、現在7000人近くのサイバー部隊が存在しているという。アメリカの国土安全保障省と連邦捜査局は2017年6月に、北朝鮮の政府傘下のハッカー集団「ヒドゥン・コブラ」が、世界各国の報道機関や航空宇宙関連会社、金融機関、重要社会基盤にサイバー攻撃を仕掛けているとして注意を促す警報を出した。インターネットが国と国との戦いにも利用されているのである。

サイバー戦争などという言葉も新聞に踊るようになった現在では、コンピューターの操作一つで社会が転覆し、戦争が勃発しかねない。

世界との距離を縮め、さまざまな可能性を広げたインターネットの発達だが、便利になった一方でそこに依存することの恐ろしさを意識していく必要があるのかもしれない。

【姿なき脅威】コンピューターウイルス

■「トロイの木馬」から始まった

コンピューターウイルスといえば、古くはトロイの木馬が有名だ。ギリシア神話の逸話にちなんだ名前がついたこのウイルスは、本来の目的を隠して他人のコンピューターに侵入し、情報を盗み出していく。

1986年、アメリカではシェアウェアという方法でコンピューターソフトの流通が始まっていた。開発者がネットワークを通じてソフトの体験版を配布し、ユーザーは登録して代金を支払うことでそのソフトが使用できるようになるという仕組みだ。

そこに、当時人気だった「PC－Write」というソフトをバージョンアップしたように見せかけた不正ソフトが配布され出す。これこそがトロイの木馬で、プログラムを実行するとハードディスクのデータがすべて消去されてしまうのだ。

このトロイの木馬をはじめとする初期のコンピューターウイルスは、いたずら目的のものが多かった。それが徐々に悪質化していき、大量のメールを発信してネットワークをパンクさせたり、ハードディスクを破壊してしまうものが増えていった。

そして現在もっとも問題になっているのは、詐欺や窃盗などの犯罪のツールとなっているコンピューターウイルスである。

■猛威を振るうランサムウェア

数多く存在するコンピューターウイルスの中で、近年大きな話題となったのが「ランサムウェア」の猛威だ。これは標的型サイバー攻撃といわれるもので、取引先や公共機関などを装ったメールを開いて感染したり、ウイルスが仕込まれたＷＥＢサイトを閲覧して感染する場合が多い。

感染したパソコンはデータが暗号化されて解読できなくなり、身代金を支払わないと復旧できなくなってしまう。対策としては、ＯＳのアップデートやデータのバックアップをすること、セキュリティソフトの導入や不審なメールは開かないことが挙げられるが、犯罪者の手口は巧妙になっておりその被害は止まない。

ランサムウェアは世界的にも大きな被害を出しており、ロンドンの病院のサーバがダウンしたり、日産やルノーなどの自動車工場の操業などにも影響が出ている。

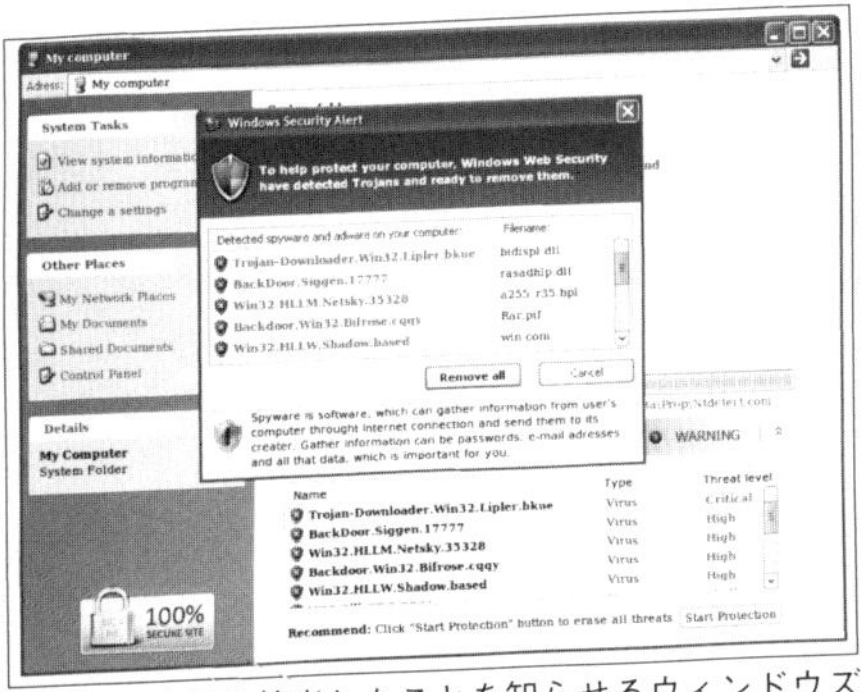

トロイの木馬を検出したことを知らせるウィンドウズの画面（©Richard Corfield）

社会インフラを脅かす「Stuxnet」の危険性

詐欺や窃盗などの犯罪行為に利用されるコンピューターウイルスだが、その発生元は犯罪集団とは限らない。

近年、もっとも悪質といわれた「Stuxnet」と呼ばれるウイルスは、イランの核施設にある遠心分離器を攻撃するために、アメリカとイスラエルの政府機関によって開発されたといわれている。「Olympic Games」というコード名で呼ばれたこのウイルスの開発計画は、当時のアメリカ大統領ジョージ・W・ブッシュによって許可され、オバマ大統領も継続を許可していたという。

実際に２００９年から２０１０年にかけて、イランの核燃料施設内にあるウラン濃縮用遠心分離機が破壊され、核関連事業を行うイランの会社や工場でStuxnetの感染が確認できるなどというできごとがあった。

標的を絞って開発されたといわれるStuxnetが現在でも各地で感染が続いている理由は一般流出してしまった経路にある。インターネット経由ではなく、ＵＳＢ経由で流出したといわれているのだ。

ネットワークにつながっていないパソコン同士を感染させてしまうことで、ネットワークの切断、メールやＷＥＢサイトの閲覧に注意するといった従来の対策では制御しきれなくなっているのだ。

コンピューターウイルスは、社会インフラそのものの安全性を揺るがすものだ。あらゆるものがコンピューター制御されている現代の社会では、これほど危険な存在はないといっても過言ではないかもしれない。

【人間のすべてを解明する】ヒトゲノム計画

■人間のDNAを解明する計画

もし自分の究極の個人情報ともいえる、DNA情報を誰かに悪用されるようなことになったら……。

そんな小説や映画の中だけの話に思えたことが、それほど遠くない将来、現実に起こるかもしれない。

ヒトの全遺伝情報を意味する「ヒトゲノム」。全DNA情報といってもいいが、顔だちや体つき、体質、性格など、さまざまな特徴に影響を与える、いわばヒトの設計図のようなものだ。

ヒトの染色体は23本あり、約30億の塩基配列が23本に分かれて収められている。

このヒトの全塩基配列、すなわちヒトゲノムを解き明かして、DNAのどこにどのような情報が書き込まれているのかを知ろうとした国際的なプロジェクトが「ヒトゲノム計画」である。

アメリカやイギリス、日本などの研究機関や研究者たちが協力し、２００３年４月にはヒトゲノムの99・99パーセントを解読し終了した。このヒトゲノム情報はインターネット上で公開され誰もが見ることができ、遺伝病の治療研究などに応用されているのだ。

しかし、これはゲノム時代のほんの序章に過ぎない。というのは、ヒトには個人差があるからだ。

ヒトゲノム解読終了後の今は、世界中で個人のゲノムが次々と解読され、発表されるようになっているのだ。

■最後の0・1％も解明されつつある

ヒトのＤＮＡの塩基配列はほぼ同じだが、たった0・1パーセントの違いで個人差が存在する。それが身体的な特徴や性格などを決定づけることになるのだ。

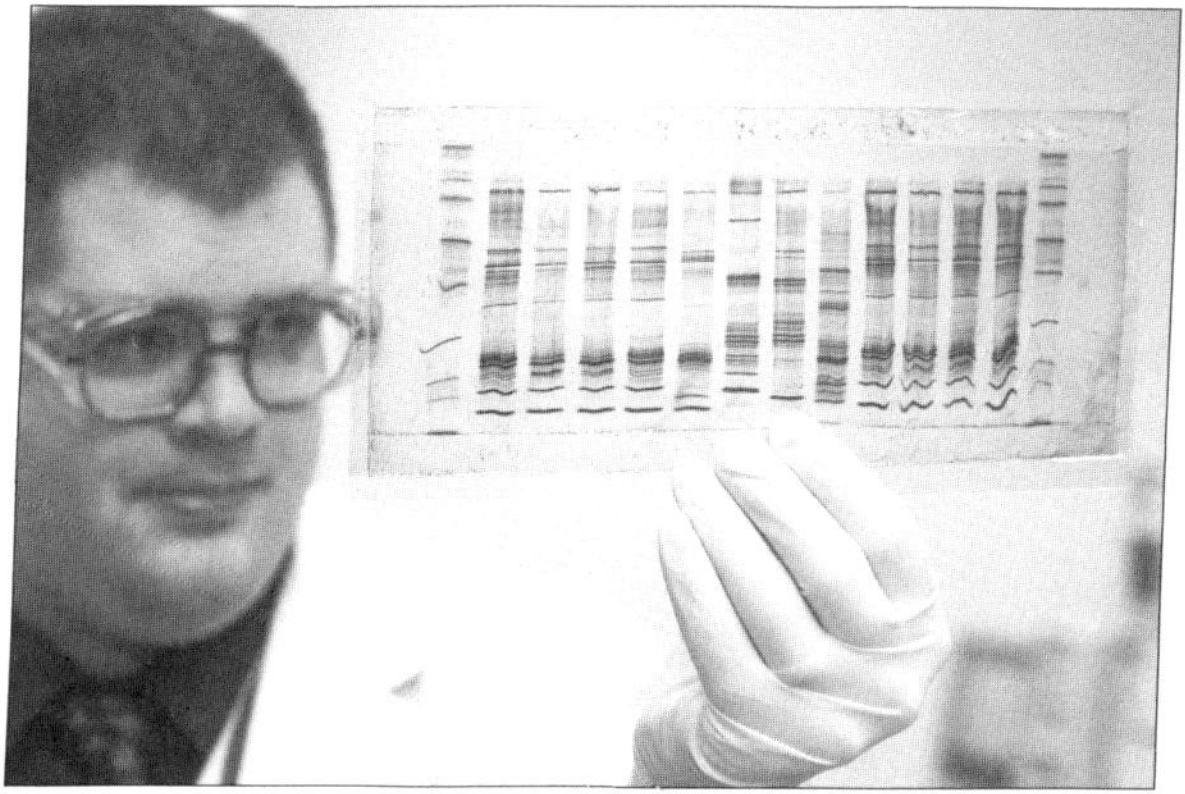
DNA鑑定をするアメリカ国税関・国境警備局の化学者

ＤＮＡ情報さえ入手できれば、実際には会ったことのない相手でも、その人の肌や髪、眼の色などがわかり、酒に強いか弱いかといった体質や、共感性が高いか低いかといった性格までも知ることができてしまう。

しかも、現在ではゲノムを解読するシークエンサーと呼ばれる解読装置の改良が進み、10万円前後で1人分のゲノムが解読できる装置の導入も進んでいるという。

10万円前後でゲノムを解読してもらえるなら、利用したいと考える人も増えるに違いない。

個人ゲノムの解析サービスを提供している民間企業も今や少なくないのだ。

自分でも気づかないうちに誰かに抜け毛や唾液をこっそり採取され、無断でゲノムを解読されていることだってありえない話ではないのである。

■悪用すれば差別や殺人につながる

DNA情報が簡単に入手できるようになれば、悪用される恐れも出てくる。

たとえば、個人ゲノムからはどのような病気になりやすいかのリスクや、アジア系か欧米系かといった人種などもある程度は読み取れる。

そのため、病気の予防や根治的な遺伝子治療への応用などに期待が寄せられている一方で、一歩間違えれば、病気や障害のある遺伝子を持つ人を排除しようという動きにもなりかねないのである。

すでに北大西洋の島国のアイスランドでは、民間のバイオ企業からの申し出を受け、法律までつくって国民のDNA塩基配列や家系図、病気の記録をデータベース化し、国家資源として管理している。

かつてナチスドイツは、ヒトラーの「ドイツ民族、すなわちアーリア人がもっとも

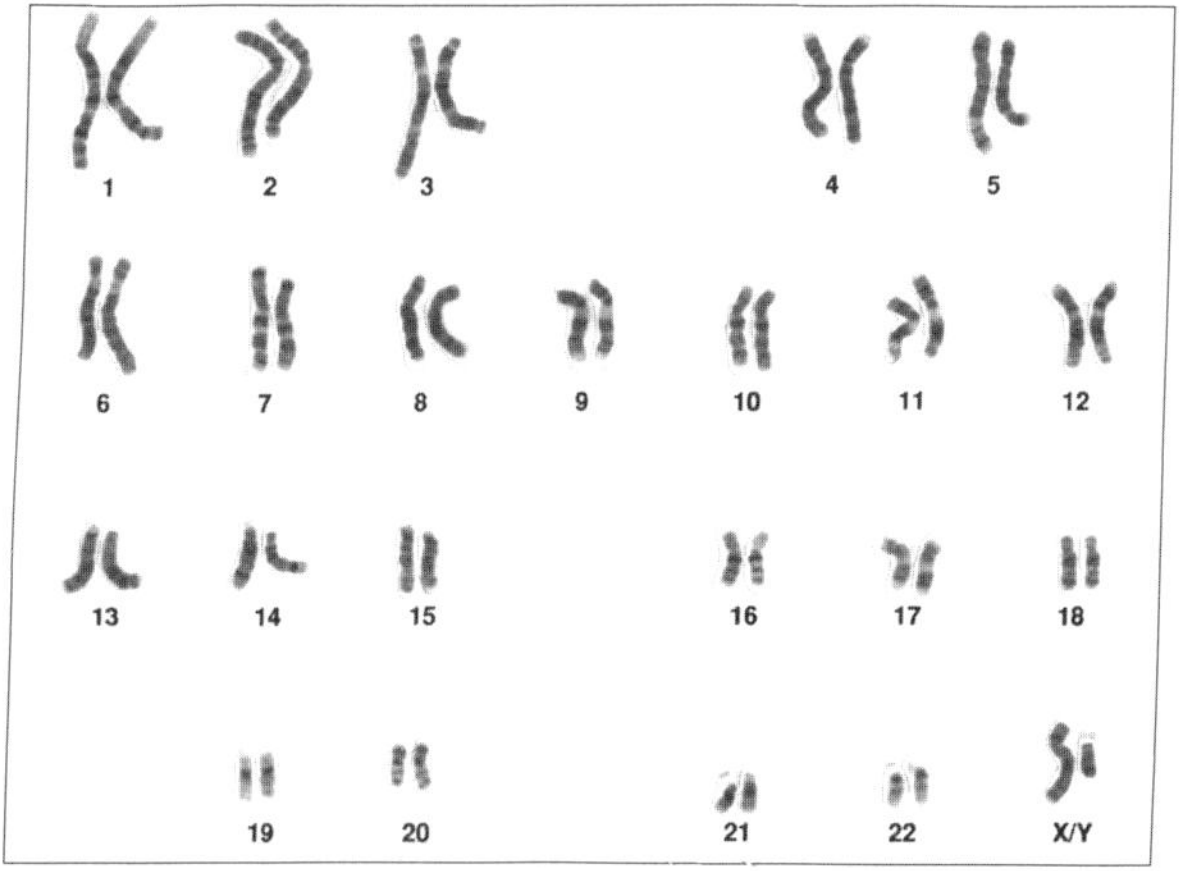

人間の男性の塩基配列。個人差は全体の0.1%でしかないが、悪意をもって利用されれば恐ろしい事態を引き起こす恐れがある。

優れた民族」だとする優生学思想に基づいて、ドイツ人より下等だと蔑視していたユダヤ人やロマ人を大量に殺戮した。

また、その中でも遺伝的な病気や障害を持った人々を強制断種したり、安楽死させたりしている。

今後、第二のヒトラーが生まれ、どこかの国家がヒトゲノムを国家ぐるみで悪用し、差別に結びつける危険がないとはけっしていえないのだ。

【生命のコピーをつくり出す】クローン

■父親のいない羊

1996年7月、イギリスのエジンバラ郊外にあるロスリン研究所で1匹の子羊が生まれた。一見すると、ほかの羊と何ら変わらないこの子羊の誕生は、世界中に衝撃を与えることになる。

子羊の名前はドリー。史上初の、成体の体細胞を使った高等哺乳類のクローンである。ドリーは、ロスリン研究所のイアン・ウィルムット博士たちの研究によって生まれた。

そのつくり方はこうだ。

まず、メス羊Aの乳腺の体細胞から核を採取し、それを通常であれば10パーセントの血清濃度で培養するところを、わずか0・5パーセントで培養する。

こうすると、飢餓状態が続いた細胞は全能性を復活させるのだ。全能性とは、あら

剥製となってスコットランド博物館に展示されているドリー

ゆる細胞に分化できる能力のことだ。

これを、別のメス羊Bから採取した核を取り除いた未受精卵に移植し、電気刺激によって融合させ、その胚をさらに別のメス羊Cの子宮に着床させて誕生させるのである。つまり、ドリーはオスがいっさい関与せずに生まれた、父親のいない羊なのである。ドリーの遺伝情報は、体細胞を提供したメス羊Aとまったく同じということになる。

■クローン人間はすでに存在する？

この生命の常識をくつがえしたドリーの誕生から数年の間に、ウシやマウスなどさまざまな動物の体細胞クローンも誕生し、畜産分野をはじめ医療分野、絶滅危惧種存続などへの応用に大きな期待を集めた。

だが一方で、これらクローン動物の誕生は同時に恐ろしい懸念も生み出した。

この技術を使えば、人間のクローンもつくり出せるのではないかという懸念である。

実際、イタリアの産婦人科医のアンティノリ氏は「これまでに3人のクローン人間を誕生させた」という驚くべき発表をしている。

アンティノリ医師がいうには、クローンベビーは男児2人、女児1人で、2009年に発表した当時、すでに9歳になっているという。3人とも東欧で健康状態も良好で元気に育っているが、詳細は明かせないとされた。

また、スイスに本拠を置く新興宗教団体のラエリアン・ムーブメントも、関連企業としてクローンエイド社を設立して研究した結果、2003年にクローン人間が誕生したと発表している。

クローンエイド社は2004年にもクローン人間の誕生を発表したが、クローン人間であることを証明することはできず、事実は不明のままである。

いずれにしろ、クローン人間の誕生は現実的に不可能でないところにきているのだ。

■倫理や秩序を崩壊させる？

中国でのクローン技術開発は、倫理的に際どい最先端を突き進んでいるといっても過言ではない。

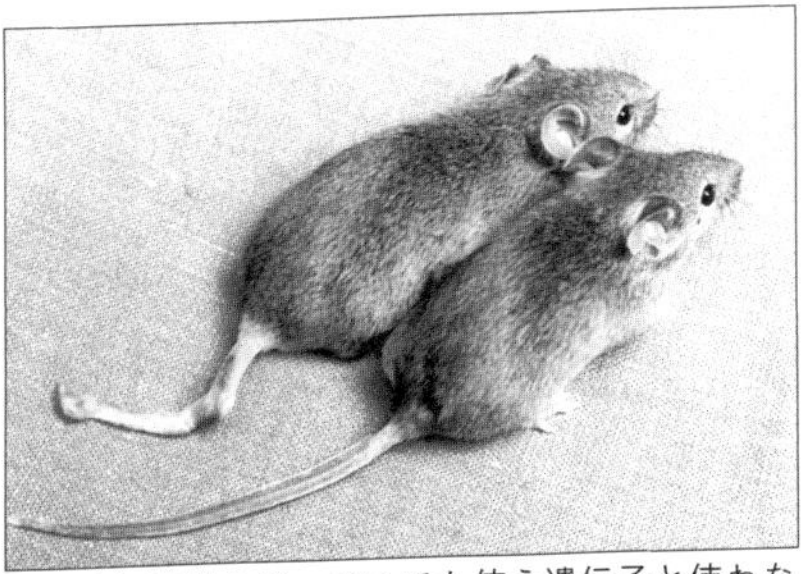

同じ遺伝情報を持っていても使う遺伝子と使わない遺伝子が出てくるため、このマウスのように、クローンでも形状が異なるケースがある。

２０１６年には天津市に、食用犬や警察犬、競走馬を大量に生産するクローン動物作製センターの設立を発表、さらに２０１７年には世界初となる遺伝子組み換え体細胞クローン犬の誕生を発表している。

中国のクローン技術にタブーはなく、すでに人間のクローン作製に関する研究もかなり進んでいると見られている。

２０１５年には染色体異常のあるヒトの受精卵にゲノム編集を行って、世界的な大論争を引き起こしたことも記憶に新しい。

そして、2017年には正常なヒトの受精卵にゲノム編集を行い、病気の原因となる遺伝子を取り除くことに成功した。

天津市のクローン動物作製センターを手掛ける中国の大手バイオテクノロジー企業ボヤライフの会長は「人間のクローンを作る技術はすでに整っている」と語ったという。

本当にクローン技術が人間に用いられたら、死んだ人間をクローンとして復活させる、戦闘を目的にした兵士のクローンを大量につくる、人体実験を目的としたクローンをつくるなど、悪魔的な利用をする可能性も出てくる。

不妊治療への応用を望む声もあるが、果たしてクローン人間は人類の光明となるのか、混乱へと導く魔王となるのか……。

倫理的な問題を考慮して、各国ではクローン人間の作製禁止などの規制が進んでいる。

【天候をコントロールする】人工降雨装置

■大事な日に北京の空が晴れたわけ

4年に1度開催されるオリンピックの開会式は、式の内容そのものよりもサイドストーリーに注目が集まることが多い。

2008年に行われた北京オリンピックの開会式でそんな話題のひとつになったのは、人工降雨だった。

当時、北京オリンピックの開会式が行われる2008年8月8日の午後8時の北京の天気は、雷雨になると予報されていた。そこで、中国当局は開会式の数時間前に人工降雨装置を使って北京市周辺で人工的に雨を降らせたというのだ。

こうして、中国ではじめてとなるオリンピックの開会式を快晴のもとで迎えることができたのだ。

じつは中国では、かなり頻繁に人工降雨装置を使っている。それは、中国が慢性的な水不足や干ばつという問題を抱えているからだ。

２００７年には中部の地域が渇水し、人工降雨装置で年間５００億立方メートルの雨を降らせたという。

また、２００９～13年まで4年連続で大干ばつとなった雲南省では、小麦やサトウキビの農地がひび割れ、ダムや貯水池も干上がったため、人工降雨を望む住民たちが暴動を起こす局面にまできているのだ。こうした状況を踏まえて、中国財政省は人工降雨のために約32億円の補助金を投入したという。

■爆弾が落ちた後の空がヒントになる

人工降雨を世界ではじめて成功させたのは、19世紀末に現れたアメリカのチャールズ・ハットフィールドという気象学者だ。

ハットフィールドの一家はカリフォルニア州で農業を営んでいたが、干ばつ続きで廃業に追い込まれてしまった。だが、あるときハットフィールドは戦争で爆弾が落と

中国の気象部門による人工降雨発生用砲弾の打ち上げの様子（写真提供：Imaginechina/時事通信フォト）

されると、そのあとには必ず雨が降ることに気づいた。そこで、人工的に雨を降らせる技術を開発することを思い立つのだ。

4年の歳月を経て、人工降雨技術の開発に成功したハットフィールドは「レインメーカー」を名乗って商売を始めた。そして、500件ほど舞い込んだ依頼のほとんどを成功させたのだ。

だが、ハットフィールドは開発した人工降雨技術を誰にも伝えずに死去したため、その方法は謎に包まれたままになってしまう。唯一わかっていたのは、地上から6メートルほどの高さのやぐらを組み、その上から何やら薬品を調合したときに発生する煙を散布していることだけだった。

■心配される人体への悪影響

ハットフィールドの開発以降、干ばつや渇水対策のために、各国が多大なる費用を投じて人工降雨の研究を進めてきた。

その結果、ドライアイスやヨウ化銀という物質を飛行機やロケットで空中にまき、人工的に雲の温度を下げて雨を降らせるという方法が開発されている。

慢性的な水不足に悩まされている中国では、結晶化したヨウ化銀をロケット弾に詰めて使っている。

このヨウ化銀とは、うがい薬などにも使われているヨウ素と銀の化合物で、弱い毒性を持っている。

ただし、人工降雨に使われるのは微量なので、人体や環境への悪影響はないというのが中国当局の見解だ。

だが、中国では2007年の1年間だけで6万回以上の人工降雨を行っている。

使われた砲弾は86万発。つまり1回分は微量とはいえ、その86万倍のヨウ化銀が中国の地面や農作物に降り注いでいるのだ。

毒性を持った物質をまき散らし続けることは、いずれ環境や人体に悪影響を及ぼす可能性が高いということである。

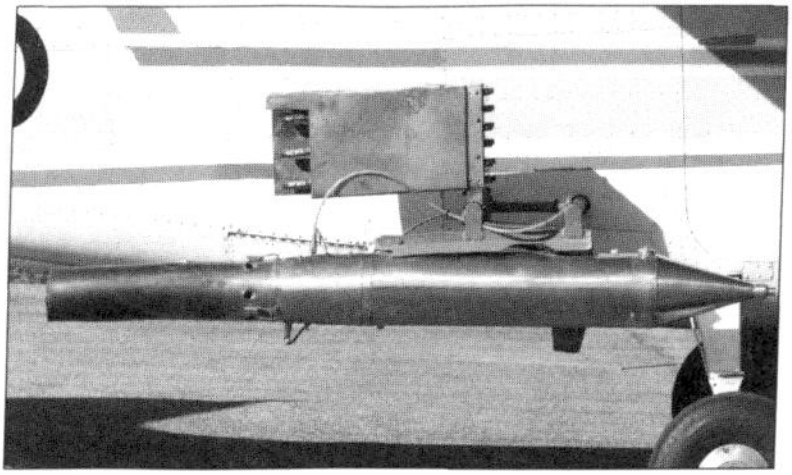

航空機にとりつけられた、ヨウ化銀の詰まった人工降雨の装備。

ちなみに、人工降雨装置は各国で開発されている。1986年に起きたチェルノブイリ原発事故の際には、放射性物質で首都モスクワが汚染されることを恐れたロシア政府が、人工降雨装置で雨を降らせて死の灰をベラルーシに降らせたといわれている。

【誰でも拳銃をつくれる】3Dプリンター

■立体物をつくるためのプリンター

近年、何かと話題になっている3Dプリンターだが、最初にこの世に誕生したのは今から30年以上も前の1980年のことだ。

発明したのは日本人である。当時、名古屋市工業研究所に在籍していた小玉秀男が、紫外線で固まる液体の樹脂で立体物をつくる技術を開発したのが始まりだ。

自動車や航空機のメーカーなどでは以前から試作品づくりに使われていて、プラスチックだけでなく金属に対応できる機種もある。

そんな3Dプリンターが突如として話題の的になったのは、2013年のオバマ大統領の演説がきっかけだった。

3Dプリンターの活用でアメリカに製造業を取り戻すと宣言し、6000万ドルの予算を投じたのだ。

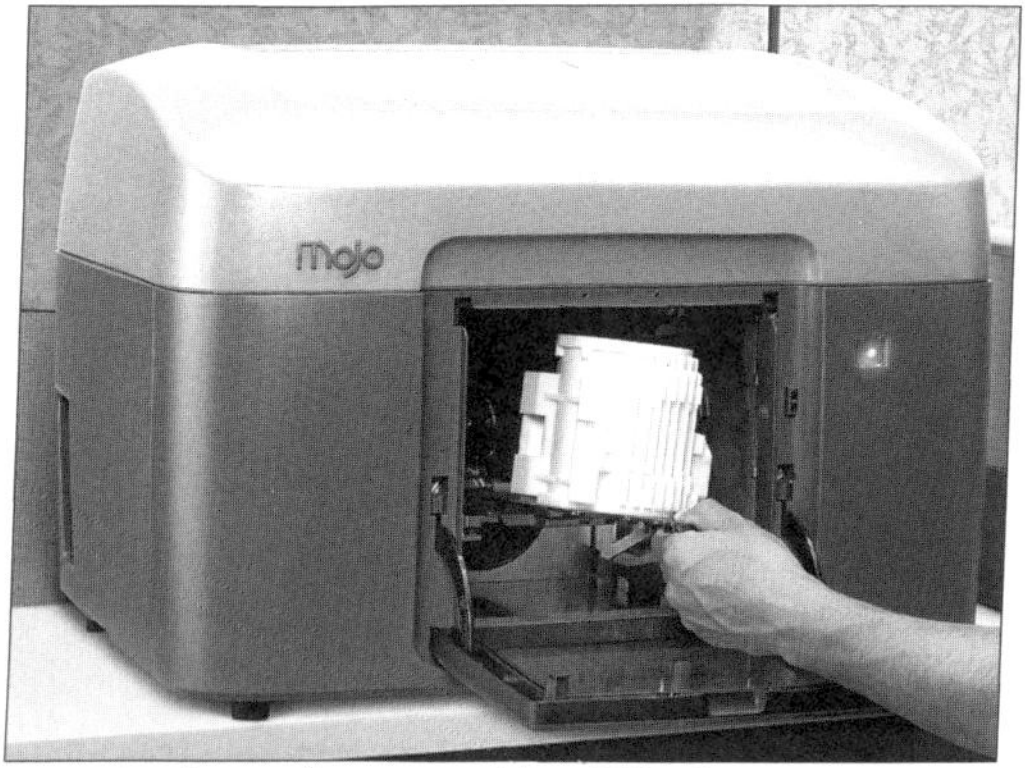

コンパクトな３Ｄプリンター。当初の価格は約200万円だった。

■拳銃をつくれる図面が発表される

３Ｄプリンターが普通のプリンターと違うのは、プリントされたものが立体で再現できることだ。

２Ｄの場合は、コンピューター上でつくったものを紙などの平面に写し取るが、３Ｄプリンターは3次元のデータを立体物として再現できる。

それはたとえば、人間の頭から足先までを隙間なくCTスキャンで読み取ったフィルムを積み重ねていくようなイメージだ。

これがあれば工場や大がかりな機械を

持っていなくても、誰でも製造者になれる。そのために、3Dプリンターの登場は「新産業革命」といわれているのだ。

すでに、ドイツのバイエルンに拠点を置く多国籍企業のシーメンスは、2016年から航空機のエンジンパーツを3Dプリンターで製造すると発表している。

新しい技術が登場すると、世の中をあっといわせるものをつくってみようと思うのは人間の性なのかもしれない。

2013年にはアメリカのテキサス州にある非営利団体「ディフェンス・ディストリビューテッド」が、パーツをすべて3Dプリンターで再現して拳銃を完成させたのだ。だが、その話題のポイントは、技術のすごさよりも、誰にでも拳銃がつくれてしまうという恐ろしさに集中した。

しかも、この団体はインターネットのホームページで図面をダウンロードできるように公開していたのだ。

アメリカ国務省は図面のダウンロード画面へのアクセスを禁止したが、このときすでに80万件ダウンロードされていた。

またその後、銃器ライセンスを持つ部品メーカーが、ステンレス製の3Dプリンター製拳銃を製造したと発表している。しかも、こちらは実際に50発の射撃にも成功している。

このように3Dプリンターが普及し、図面がインターネットでいとも簡単に広まるようになると、銃を禁止している日本のような国でも個人が製造して所持できるようになりかねない。アメリカの国土安全保障省も、このような拳銃の製造を「深刻な脅威」と受け止めている。

実際、2014年5月に殺傷能力があるプリンター銃を所持していたとして、日本で初の逮捕者が出ている。

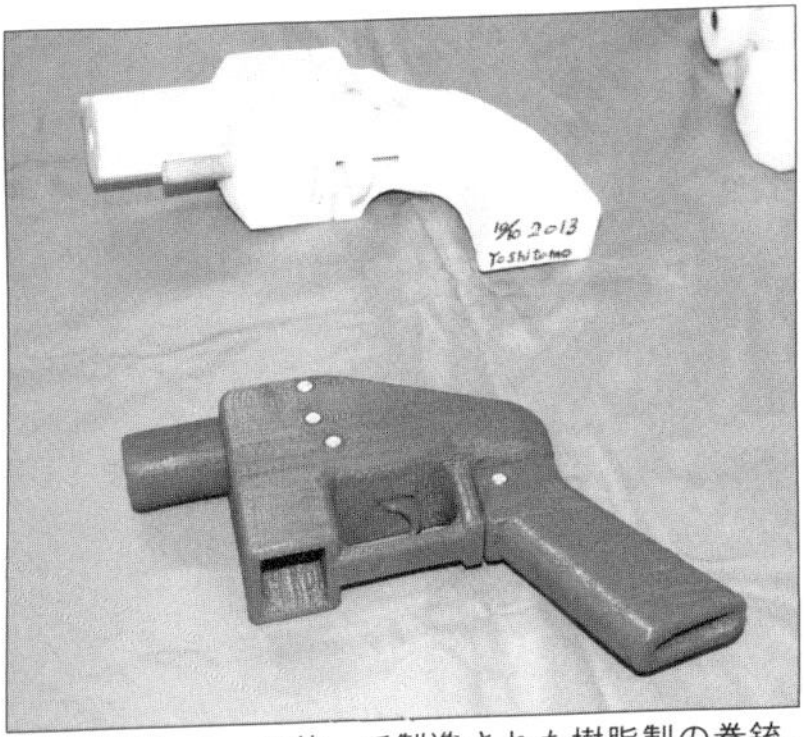

3Dプリンターを使って製造された樹脂製の拳銃。
(写真提供：時事)

■格安プリンターが新たな危機を生む？

近年では、業務用から家庭用まで安価で手

に入る3Dプリンターも増えている。大手ネット通販のアマゾンにも専用ストアが設置され、プリンター本体からスキャナ、造形材料までが揃っている。データ共有サイトなども豊富で、手軽に3Dプリンターを楽しむ人が増えているのがわかる。

こうなってくると、3Dプリンターを利用した偽造品や模造品が大量に製造されるのは必須で、武器に限らず、スキミング装置の大量生産や鍵の偽造など、悪用される可能性は限りなく広がってしまう。

また樹脂製の武器の場合、金属探知機に引っかからずに安易に建物や公共の乗り物に持ちこめてしまうという問題もある。

技術の進歩が生活を便利にする一方で、犯罪行為の技術革新にもひと役買うという皮肉な結果を生み出しているのである。

【違法行為を可能にする無人機】ドローン

■イギリス海軍で誕生した無人飛行機

近年、インターネットの動画サイトでは、海に浮かぶサンゴ礁の島や砂漠、大都会の夜景など、世界各地の息をのむような絶景を空撮した動画をいくつも見ることができるようになった。

このような動画を投稿しているのはプロではなく一般人で、撮影は無人小型航空機のドローンを使って行われている。ドローンは今や趣味の道具として、誰でも気軽に使うことができるようになっているのだ。

そのドローンは、開発の元をたどればイギリス海軍に行き当たるといわれている。

1935年にイギリス海軍が「クイーン・ビー（女王蜂）」と名づけられた無人標的機DH82Bのデモンストレーションを行っている。標的機はミサイルなどの空中射撃訓練に使われる航空機で、それをはじめて無人化して遠隔操作できるようにしたのがクイーン・ビーだ。

その後、無人標的機はアメリカでも開発がスタートし、女王蜂に対して雄バチを意味する「ドローン」という名前がつけられた。

■ドローンが叶えた「安全な戦争」

イギリスで軍事用として誕生したドローンは、アメリカ軍によって進化し、敵の偵察や監視はもちろん、攻撃機能まで備えるようになった。

2001年のアメリカ同時多発テロ後に始まったアフガニスタン紛争や、フセイン政権を倒したイラク戦争では実戦投入されている。

無人航空機なので、ドローンの操縦士は危険な戦地に行かなくても、遠く離れたアメリカ本国から遠隔操作してテロリストを監視し、爆撃することができる。アメリカはこれを「安全な戦争」と呼んでいる。

しかし、会社員のように家から〝出勤〟して日常的に空爆で人を殺し、その死体を高画質の画像で確認するという仕事をして、また家庭に戻って家族とテレビを見たりスポーツを楽しむという生活はあまりにもギャップが大きい。

しかも、誤爆によってテロとは無関係の一般市民を殺してしまうこともある。そのため操縦士の心はしだいに病んでしまい、職を離れる者は後を絶たないという。

また、ドローンによる攻撃をまるでテレビゲームのようだという若い操縦士もいる。実感もなく人命を奪うことができてしまう恐ろしさがあるのだ。

クイーン・ビーと呼ばれたDH82B（1941年）

■高性能な機能を備えた空飛ぶスマホ

一方で、マルチコプターとも呼ばれるホビー用のドローンも数多く利用されている。冒頭で紹介した一般人による空撮動画は、そのようなドローンによって撮影されたものだ。

操縦技術を磨くために飛ばすラジコンヘリとは違い、ドローンには多くの機能が搭載されている。高性能のものになれば、1000万画素以上の高画質カメラや4Kビデオ、ジャイロセンサー、位置を測位するGPSなどもついていて、ボタンひとつで簡単に操縦できるものもある。

このようなハイスペックを可能にしたのは、携帯電話やスマートフォンの技術だ。センサーやカメラが小型化、高性能化したことに加え、生産数が多いために価格が下がった。高機能なドローンが「空飛ぶスマホ」と呼ばれるゆえんである。

かつては高価な機材を持つプロにしか許されなかった空撮映像が気軽に撮れるという点ではとても便利になった。また、機体に荷物を提げて空を飛ぶことができるため、配送業での活躍も期待されている。

■ホビー用ドローンのリスク

しかし、これだけの機能を持っているものが空を飛ぶとなれば、さまざまな弊害が予想される。

撮影機能については、他人のプライバシーを簡単にのぞき見ることができてしまう。もちろん禁止行為ではあるが、その気にさえなれば、いくらでも他人を監視したり写真を撮ったりできる。

現に中国ではドローンによる盗撮が問題になり、それ以降、ドローンの使用者の実名登録が義務付けられるようになった。また、そのようにして手に入れた映像や画像を売買するというようなパパラッチ行為も横行しかねない。

そのうえ、機体が運ぶ荷物がもしも爆発物だったとしたら、テロさえも可能にしてしまうのだ。

そんなものが、安いものであれば1万円以下で手に入れることができてしまう。それが現実なのである。

カメラ付きのドローン

【コンピューター社会の脅威】電磁パルス攻撃

■コンピューター社会を狙う兵器

たった一発で都市を壊滅し、一瞬にして何十万人もの命を奪う核兵器は、数ある兵器の中でももっとも破壊力が大きい。その恐ろしさは、世界で唯一の被爆国である日本がもっともよく知るところだ。

国際社会が核兵器を廃絶しようと動き続けた結果、ピーク時の東西冷戦時代に6万2000発余りあった核兵器は、21世紀になって6分の1以下に減った。

しかし、コンピューター社会が一段と加速している現在、核は新たな脅威を生み出した。

それが、「電磁パルス攻撃（EMP）」だ。

■米ソの核開発競争が宇宙にまでエスカレート

兵器としての核の恐ろしさは、爆弾として地上に落とされるだけではない。

かつて米ソが熾烈な核開発競争を繰り広げていた東西冷戦時代には、国力と技術力を誇示するために2つの大国で何百回もの核実験が行われた。

電磁パルスの実験の様子。この航空機 E-4 は有事の際アメリカの空中作戦センターとして運用されるため、電磁パルスの攻撃にも耐えられるという。

初期のころは地上や地下、水中で行われていたが、1962年にアメリカは宇宙空間にまで実験の場を広げた。

これは高高度核実験と呼ばれるもので、ロケットに核弾頭を搭載して大気圏外に飛ばし、そこで核を炸裂させたのだ。

アメリカが宇宙空間で核実験を行ったのには理由があった。その前年にソ連が人工衛星のスプートニクを地球の軌道に乗せることに世界ではじめて成功させたからだ。

ソ連がこの宇宙技術を軍事に使い、ロケットに核弾頭を積んで攻撃してくることを恐れたアメリカは、宇宙空間でソ連の核爆弾を迎撃するために高高度核実験を行ったのだ。

■地上のインフラに大きな被害が出る

ところが、この実験によって、宇宙で核を爆発させると地上にも広範囲にわたって思わぬ被害が及ぶことがわかった。

アメリカは太平洋上空400キロメートルで1・4メガトンの核爆弾を爆発させた。すると、爆発地点から1400キロメートルも離れたハワイ全域で無線や電話システムがダウンし、数百もの街灯が故障したのだ。

また、同じ年にソ連がカザフスタンの核実験場の上空300キロメートルで核兵器を爆発させたところ、東西550キロメートルにわたって架設されていた送電線がダメージを受け、電力供給が途絶えた。しかも、発電所の電源装置がオーバーヒートして、火災が引き起こされたのだ。

このような被害をもたらした原因は強力な電磁パルスだ。高度の上空で核を爆発させると、放射されたガンマ線が大気中の窒素や酸素などの分子とぶつかり、雷のような強烈な電流が生じる。そこから発生した電波が電磁パルスで、これが地上に降り注いだ結果が、ハワイやカザフスタンのようなインフラの破壊だったのだ。

このため、翌年には米ソ英の間で調印された部分的核実験禁止条約で高高度核実験は禁止された。

だが、核兵器を持つすべての国がこの条約に従っているわけではない。とくに危険なのは国際社会の反対を押し切って核開発を進めてきた北朝鮮で、電磁パルス攻撃も視野に入れていることをほのめかしている。

あらゆるものがコンピューターで制御されている先進国に電磁パルスが降り注げば、電力がダウンし、交通機関や金融機関、病院、通信機器も誤作動を起こし、社会の機能は完全にマヒしてしまう。韓国の専門家は、韓国上空で核爆発が起これば「事実上、石器時代に戻る」と発言している。

社会を一撃で破壊する危機はすぐそこにあるのだ。

【参考文献】

『戦争と科学者　世界史を変えた25人の発明と生涯』トマス・Ｊ・クローウェル著、藤原多伽夫訳／原書房、『図説　中国酷刑史』尾鷲卓彦／徳間書店、『１０００の発明・発見図鑑』ロジャー・ブリッジマン著、小口高、鈴木良次、諸田昭夫監訳／丸善、『生物兵器と化学兵器』井上尚英／中央公論新社、『図解　第三帝国』森瀬繚、司史生／新紀元社、『ミリタリー雑学大百科Ｐａｒｔ２』坂本明／文林堂、『毒ガスと科学者―化学兵器はいかに造られたか』宮田親平／光人社、『神と悪魔の薬サリドマイド』トレント・ステフェン、ロック・ブリンナー著／本間徳子訳／日経ＢＰ社、『嘘発見器よ永遠なれ』ケン・オールダー著、青木創訳／早川書房、『小林宏明のＧＵＮ講座２　ミステリーで学ぶ銃のメカニズム』小林宏明／エクスナレッジ、『コンピュータウイルスはどう動くのか「仕組み」「動作」から「対策」まで徹底解説！』御池鮎樹／工学社、『ＰＣのウイルスを根こそぎ削除する方法』本城信輔／技術評論社、『最先端ビジュアル百科「モノ」の仕組み図鑑６　航空機』スティーブ・パーカー著、五十嵐友子訳／ゆまに書房、『有害プログラム―その分類・メカニズム・対策』内田勝也、高橋正和／共立出版、『ドーピング　スポーツの底辺に広がる恐怖の薬物』高橋正人、立木幸敏、河野俊彦／講談社、『酷刑―血と戦慄の中国刑罰史』王永寛著、尾鷲卓彦訳／徳間書店、『バイオスフィア実験生活』アビゲイル・アリング、マーク・ネルソン、平田明隆訳／講談社、『人工降雨―渇水対策から水資源まで』真木太一、鈴木義則、脇水健次、西山浩司編／技報堂出版、『アスベスト問題』宮本憲一、川口清史、小幡範雄編／岩波書店、『図解雑学　生物・化学兵器』井上尚英／ナツメ社、『地雷　なくそう「悪魔の兵器」を』清水俊弘文、大貫美佐子監修／ポプラ社、『クラスター爆弾なんてもういらない。』清水俊弘／合同出版、『報道されなかったイラク戦争』西谷文和／せせらぎ出版、『最先端ビジュアル百科「モノ」の仕組み図鑑４　船・潜水艦』スティーブ・パーカー著、上原昌子訳／ゆまに書房、『図解戦闘機』河野嘉之／新紀元社、『Ｕボート入門』広田厚司／光人社、『飛行機物語』鈴木真二／中央公論新社、『自衛隊装備年間２０１３―２０１４』朝雲新聞社編集局編著／朝雲新聞社、『図説世界戦車大全』マーティン・Ｊ・ドアティ著、毒島刀也訳／原書房、『化学兵器犯罪』常石敬一／講談社、『ロボット兵士の戦争』Ｐ・Ｗ・シンガー著、小林由香利訳／日本放送出版協会、『最新版 完全解説！ 現代戦争の最強兵器』宝島社、『世界の兵器 ミリタリー・サイエンス』高橋昇／光人社、『世界のロボット たたかうロボット』デイビッド・ジェフリス著、富山健日本語版監修／ほるぷ出版、『もはやＳＦではない無人機とロボット兵器』兵頭二十八／並木書房、『トコトンやさしいミサイルの本』久保田浪之介／日刊工業新聞社、『ミサイル防衛』能勢伸之／新潮社、『自衛隊と世界の最新兵器』新人物往来社、『〈技術の歴史〉4―産業革命から原子力へ―クルップ 鉄鋼』井野川潔／けやき書房、『戦争の科学』アーネスト・ヴォルクマン著、茂木健訳／主婦の友社、『飛び道具の人類史』アルフレッド・Ｗ・クロスビー著、小沢千重子訳／紀伊國屋書店、『復刻版 ＮＨＫ歴史への招待14』日本放送出版協会、『くすりの発明・発見史』岡部進／南山堂、『毒と薬の世界史』船山信次／中央公論新社、『知らないと危ない麻酔の話』フランク・スウィーニー著、瀬尾憲正監修・訳／講談社、『おもしろいニューダイヤモンドのはなし』赤羽利昭／日刊工業新聞、『ハイテク・ダイヤモンド』志村史夫／講談社、『最先端ビジュアル百科「モノ」の仕組み図鑑9 軍事マシーン』スティーブ・パーカー著、安藤貴子訳／ゆまに書房、『発明・発見の大常識』板倉聖宣監修／ポプラ社、『図説世界の「最悪」兵器大全』マーティン・Ｊ・ドアティ著、松崎豊一監訳／原書房、『毒ガスと科学者』宮田親平／文藝春秋、『市民よガスマスクを装着せよ』永瀬唯監修／グリーンアロー出版社、『戦場の枯葉剤―ベトナム・アメリカ・韓国』中村梧郎／岩波書店、『化学―錬金術から周期律の発見まで』ジョエル・レヴィー著、左巻健男監修、今里崇之訳／創元社、『化学の物語3 金の物語』ハル・ヘルマン著、竹内敬人監修、藤田千枝訳／大月書店、『入門化学史』Ｔ．Ｈ．ルヴィア著、内田正夫編、化学史学会監訳／朝倉書店、『図解 錬金術』草野巧／新紀元社、『驚異の独創ＮＡＳＡ航空機大全』中冨信夫／講談社、『航空情報２０１１／７月号』酣燈社、『機関銃・機関砲―近代戦の主力兵器総鑑』岩堂憲人／サンケイ出版、『人類の歴史を変えた発明１００１』ジャック・チャロナー著、小巻靖子、松浦弘、安藤貴子、プレシ南日子訳／ゆまに書房、『新軍事考』江畑謙介／光文社、『機関銃の社会史』ジョン・エリス著、越智道雄訳／平凡社、『世界の潜水艦』デビッド・ミラー著、秋山信雄訳／学習研究社、『世界の艦船２０１３年６月号』海人社、『ポケット図解 遺伝子とＤＮＡがよ～くわかる本』夏緑／秀和システム、『徹底図解 遺伝のしくみ』経塚淳子監修／新星出版社、『クローン人間』響堂新／新潮社、『マンハッタン計画 プルトニウム人体実験』アルバカーキー・トリビューン編、広瀬隆訳／小学館、『目で見て分かる！　放射能と原発』澤田哲生監修／双葉社、『スミソニアン博物館に見る発明の歴史』リチャード・プラット／学習研究社、『20世紀をつくった日用品 ゼム・クリップからプレハブまで』柏木博／晶文社、『発明品はこうして生まれた』発明研究団／マガジンランド、『Newton別冊 遺伝とゲノム どこまでわかるのか』ニュートンプレス、『処刑電流』リチャード・モラン著、岩舘葉子訳／みすず書房、『ドローンの世紀─空撮・宅配から武装無人機まで』井上孝司／中央公論新社、『ドローン・ビジネスの衝撃　小型無人飛行機が切り開く新たなマーケット』小林啓倫／朝日新聞出版社
ほか

【参考ホームページ】

外務省、厚生労働省、文部科学省、内閣府宇宙開発戦略推進事務局、ＮＴＴ東日本関東病院、日本軍事情報センター、公益財団法人いしずえ、朝日新聞デジタル、毎日新聞、産経ニュース、マイナビニュース、日刊ＳＰＡ！、ハフィントンポスト、ITmediaニュース、ＦＯＯＣＯＭ・ＮＥＴ、ＪＢＰＲＥＳＳ、ＮＴＴ、ＴＨＥ ＰＡＧＥ、ＷＩＲＥＤ
七花舎　http://shichikasha.info/
無限回廊　http://www.maroon.dti.ne.jp/knight999/
ｉｎｈａｂｉｔａｔ　http://inhabitat.com/
ほか

【写真】

11ページ・電気イス…©Ken Piorkowski and licensed for reuse under Creative Commons Licence
35ページ・鉄の処女…pandapaw/Shutterstock
59ページ・「ツール・ド・ドーピング」…©Wladyslaw and licensed for reuse under Creative Commons

※本書では歴史的な記述等に関してはその世界観を損なわないよう、できるだけ当時に使われていた表記や表現、文言などを尊重して掲載しました。

教科書には載せられない　悪魔の発明

平成30年1月11日　第1刷

編　者　歴史ミステリー研究会

制　作　新井イッセー事務所

発行人　山田有司

発行所　株式会社　彩図社《さいずしゃ》

〒170-0005　東京都豊島区南大塚3-24-4 MTビル
TEL:03-5985-8213
FAX:03-5985-8224

印刷所　新灯印刷株式会社

URL：http://www.saiz.co.jp
https://twitter.com/saiz_sha

ISBN978-4-8013-0272-3 C0120

本書は弊社より刊行した書籍『教科書には載せられない 悪魔の発明』（平成26年7月発行）を再編集したものです。